Dem Leben Richtung geben

Prof. Dr. Jörg W. Knoblauch, geb. 1949, ist geschäftsführender Gesellschafter der Firma tempus und wurde 2002 mit dem Ludwig-Erhard-Preis für »Spitzenleistungen im Wettbewerb« ausgezeichnet; er hat bereits mehrere erfolgreiche Bücher veröffentlicht.
Johannes Hüger, geb. 1964, ist seit vielen Jahren als Managementberater und -coach tätig und bietet Seminare zum Thema »Dem Leben Richtung geben« an.
Marcus Mockler, geb. 1965, ist Journalist, Trainer und Coach mit den Schwerpunkten Kommunikation, Kundenorientierung und Karriereplanung.

Jörg W. Knoblauch, Johannes Hüger, Marcus Mockler

Dem Leben Richtung geben

In drei Schritten zu einer selbstbestimmten Zukunft

Illustrationen von Werner Tiki Küstenmacher

Campus Verlag
Frankfurt/New York

Bibliografische Information der Deutschen Nationalbibliothek:
Die Deutsche Nationalbibliothek verzeichnet diese Publikation in der Deutschen Nationalbibliografie. Detaillierte bibliografische Daten sind im Internet unter http://dnb.d-nb.de abrufbar.
ISBN 978-3-593-38306-4

Limitierte Sonderausgabe 2007

Umschlaggestaltung: Pro Natur, Frankfurt
Satz: Fotosatz L. Huhn, Maintal-Bischofsheim
Druck und Bindung: Druck Partner Rübelmann, Hemsbach
Gedruckt auf säurefreiem und chlorfrei gebleichtem Papier.
Printed in Germany

Besuchen Sie uns im Internet: www.campus.de

Inhalt

Vorwort

In diesem Buch geht es um nichts Geringeres als um Ihr Leben. Stehen Sie morgens gerne auf? Lieben Sie Ihre Arbeit? Finden Sie Erholung und Anregung in Ihrer Freizeit? Führen Sie ein harmonisches Familienleben? Leben Sie Ihren Traum? Oder zieht Ihr Leben an Ihnen vorbei, während Sie einen Job machen, der Ihnen keine Freude bereitet und kaum Zeit für Entspannung und Partnerschaft lässt? Sie haben die Wahl.

Entfliehen Sie dem Stress und dem Alltagstrott und gehen Sie auf eine faszinierende Reise, bei der es das Spannendste auf dieser Welt zu entdecken gibt: Sie selbst. Erkennen Sie Ihre wahren Fähigkeiten, Ihr inneres Leitbild und Ihre Einzigartigkeit und führen Sie das Leben, von dem Sie schon immer geträumt haben. Der Weg dorthin führt über mehr Gelassenheit und Souveränität.

Ich wünsche mir, dass Sie jeden Abend zu sich selbst sagen: »Diesen Tag hätte ich nicht erfüllter leben können.« Aber dafür braucht es Ihre Mitarbeit. Wenn Sie Ihrem Berufs- und Privatleben eine neue Richtung geben wollen, müssen Sie neue Gewohnheiten im Umgang mit Ihrem Potenzial und Ihrer Zeit entwickeln und neue Einstellungen verinnerlichen.

Dieses motivierende Buch ist auf der Grundlage unzähliger Beratungen in Unternehmen und bei Seminaren gewachsen. Die Begegnungen mit den unterschiedlichsten Menschen und ihren Biografien hat ihm seine Farbe gegeben. Sie alle sind durch die praktischen Anleitungen, die Sie auf den folgenden Seiten finden, gelassener, glücklicher und zufriedener geworden. Machen auch Sie am besten noch *heute* den ersten entscheidenden Schritt.

Prof. Dr. *Lothar J. Seiwert,* Heidelberg
www.seiwert.de

Das Leben im Hamsterrad

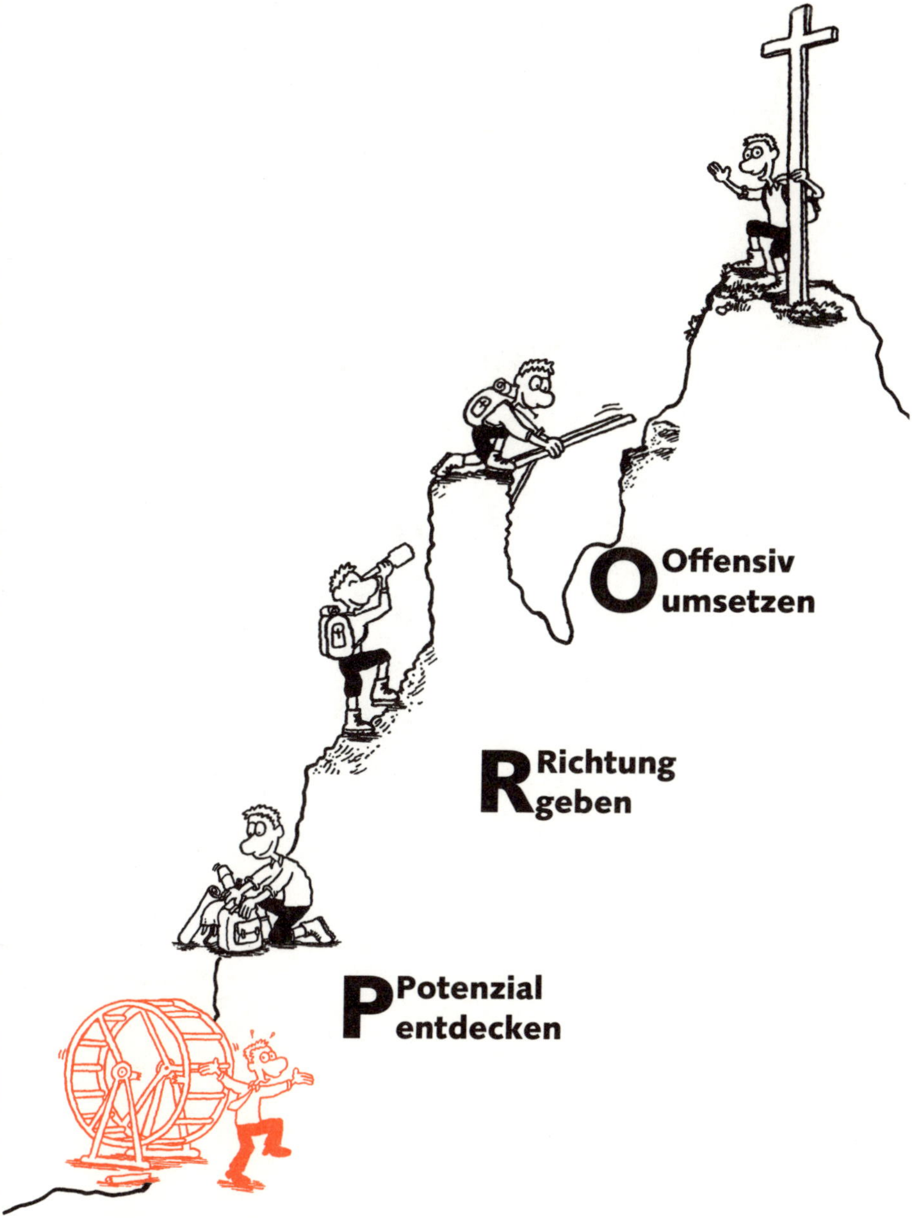

Du kannst das Leben nicht verlängern
noch verbreitern, nur vertiefen.

Gorch Fock

Eigentlich war der Anrufer in einer beneidenswerten Situation: Er hatte sich hochgearbeitet, hatte ein fantastisches Einkommen, konnte sich über seine berufliche und finanzielle Situation wahrlich nicht beklagen. Warum er bei uns ein Beratungsgespräch suchte, fasste er in einem einzigen, niederschmetternden Satz zusammen: »Jetzt besitze ich eine Million – aber ich habe noch nicht gelebt.«

Nur eine Minderheit der Leserinnen und Leser dieses Buches gehört der Bevölkerungsgruppe der Millionäre an. Aber fast alle haben dasselbe Problem. Sie strecken sich aus nach mehr Geld, mehr Karriere, mehr Einfluss, mehr Sicherheiten, um dann eines Tages festzustellen: »Ich habe noch nicht gelebt.«

Wir leben in einer Zeit, welcher der Optimismus abhanden zu kommen scheint. Viele fühlen sich in der Zange. Es drücken Sorgen um betriebliche Zukunft, drohende Arbeitslosigkeit, steigenden Konkurrenz- und Termindruck. Die Zeiten, da man große Visionen entwickelte, sind vielerorts vorbei. In einigen Branchen geht es nicht mehr um Visionen, sondern nur noch ums Überleben. Entsprechend sieht die Arbeitswoche der Führungskräfte und vieler weiterer Mitarbeiter aus. Die alte Frage der Menschheit, ob es ein Leben nach dem Tod gibt, findet in dieser Situation eine überraschende Variante: Gibt es ein Leben *vor* dem Tod?

Um dieses Leben geht es in diesem Buch. Unser Leben gleicht

einem Segelschiff auf dem Ozean, das bisweilen in raue See gerät. Es fällt schwer, bei Unwetter den Kurs zu halten. Vorübergehend verliert man die Orientierung, weil die Küste mit dem rettenden Leuchtturm aus dem Blick gerät oder moderne Navigationssysteme versagen. Dann ist man nur noch ein Spiel der Wellen. Schaffen wir es, unseren Standort neu zu bestimmen, unseren Schiffskompass wieder auf Norden zu drehen, günstige Winde zu nutzen, kurzum: unserem Leben Richtung zu geben?

Dieses Buch gibt Ihnen die notwendigen Instrumente an die Hand. Die Autoren haben in ihren Seminaren zahllose Menschen »auf hoher See« begleitet. Übrigens nicht nur Frauen und Männer im Orkan, auch solche in ruhigeren Gewässern, die eine Chance ergreifen wollten, mehr Fahrt zu bekommen und ihr Lebensziel präziser anzusteuern. Das Gefühl, vom Kurs abgekommen zu sein, ereilt in verschiedenen Lebensphasen jeden Menschen. Mit dem dreischrittigen Prozess, zu dem wir Sie in diesem Buch einladen möchten, gelingt es, sehr schnell ein klares Bild vom eigenen Leuchtturm, vom richtigen Ziel und dem besten Weg dorthin zu entwickeln. Er lässt sich unter dem Begriff der *PRO-Formel* zusammenfassen:

Potenzial entdecken. In diesem ersten Schritt werden Sie prüfen, was in Ihnen steckt. Was prägt Sie? Wer sind Sie? Was steckt in Ihnen? Sie machen sich bewusst, mit welcher unglaublichen Fülle an Begabungen und Qualifikationen Sie für die Lebensreise ausgestattet sind und wofür Ihr Herz schlägt.

Richtung geben. Im zweiten Schritt helfen wir Ihnen, Ihrem Leben Richtung zu geben. Wir Menschen besitzen die einzigartige Fähigkeit, kreativ in die Zukunft zu denken und bewusst Zukunft zu gestalten. Mit den Erfahrungen aus dem ersten Schritt erarbeiten Sie sich die Ziele, für die sich zu leben lohnt und die Sie davor bewahren, vom Kurs abzukommen.

Offensiv umsetzen. Der Reiseplan, der Weg zu Ihrem Leuchtturm, darf nicht nur in Ihrem Kopf oder auf Papier entworfen sein. Er muss gelebt werden. Dazu erhalten Sie die nötigen Hilfsmittel, die das Schiff in Fahrt bringen. Die Welt ist voll von gebildeten Versagern, von Wissensriesen und Umsetzungszwergen – erfahren Sie hier, wie Sie vom Wissenden zum Handelnden werden. Denn nur wer tatsächlich sät, kann irgendwann ernten.

Es begeistert uns, dass Sie Ihrem Leben eine neue Richtung geben wollen. Die Methoden in diesem Buch sind erprobt – von Seminarteilnehmern, aber auch von den Autoren selbst. Manches Beispiel in den einzelnen Kapiteln geht auf diese Erfahrungen zurück. Die Beispiele und Erlebnisse sind – wie in solchen Fällen üblich – zum Teil etwas vereinfacht oder verfremdet. Um die Schilderung nicht unnötig zu verkomplizieren, haben wir darauf verzichtet, im Einzelfall zu erläutern, von welchem Autor welches Beispiel stammt. Denn jeder von uns steht hinter den getroffenen Aussagen.

Wie können Sie nun aus diesem Buch den größtmöglichen Gewinn ziehen? Vor allem dadurch, dass Sie nicht nur die einzelnen Kapitel konzentriert lesen, sondern auch die eingebauten Workshops durcharbeiten. Dadurch dringen Sie zu dem vor, was Ihr Leben wirklich ausmacht. Sie entdecken verhüllte Aspekte, die Sie aufgrund äußerer Zwänge immer vernachlässigt haben. Einige der Workshops sind als Tests zum Ankreuzen angelegt, andere zum Ausfüllen. Wann immer Sie mit dem Platz, den dieses Buch Ihnen anbietet, nicht auskommen, scheuen Sie sich nicht, sich weitere Notizen zu machen. Vielleicht legen Sie sogar ein Notizbuch an, etwa mit der Aufschrift »Wie ich meinem Leben Richtung gebe«? Es lohnt sich, Ihre Notizen dauerhaft festzuhalten, denn mit den Workshops entwickeln Sie den auf Sie zugeschnittenen Plan, aus dem Hamsterrad der Hetze auszubrechen und Ihr Leben auf Ihren Leuchtturm hin auszurichten. Dabei wünschen wir Ihnen viel Erfolg!

Sieben Fragen zu Ihrer Selbsteinschätzung

Zuerst laden wir Sie ein zu einem kleinen Test zum Thema Lebensplanung. Sie finden im Folgenden einige Aussagen. Bitte kreuzen Sie an, ob Sie diese Aussagen für richtig oder für falsch halten.

Test: Sieben Aussagen – was stimmt?

1. »Das Leben ist nicht planbar – es kommt sowieso alles anders, als man denkt.«
   ☐ richtig ☐ falsch
2. »Meine aktuellen Projekte sind zu wichtig, um mich mit Lebensplanung beschäftigen zu können.«
   ☐ richtig ☐ falsch
3. »Ich habe einen detaillierten Tagesplan, der mir hilft, mein Leben zu strukturieren.«
   ☐ richtig ☐ falsch
4. »Regelmäßig Urlaub zu machen reicht mir, um meine Batterien wieder aufzuladen und das Leben zu meistern.«
   ☐ richtig ☐ falsch

5. »Eine gute Ausbildung garantiert mein Vorankommen.«
   □ richtig □ falsch
6. »Ich weiß viel über Zeit- und Lebensplanung und habe mein Leben im Griff.«
   □ richtig □ falsch
7. »Ich beherrsche eine Menge Arbeitstechniken. So bekomme ich mein Leben organisiert.«
   □ richtig □ falsch

Die Auflösung

Wie viele Richtige haben Sie? Vielleicht sind Sie überrascht: Ideal wäre, wenn Sie alle sieben Fragen mit »falsch« beantwortet hätten, denn alle Fragen sind so gestellt, dass die korrekte Antwort »falsch« heißt.

Wenn Sie sich fragen warum, lesen Sie die folgende Begründung.

Irrtum 1: »Das Leben ist nicht planbar – es kommt sowieso alles anders, als man denkt.«

Planung ist existenziell wichtig. Nur so merken Sie, wenn Sie vom Kurs abkommen.

Vor einiger Zeit hatten wir im Betrieb eine Praktikantin, die uns mitten in der Woche mit der Aussage überraschte, dass sie heute schon ihre Arbeit beenden müsse, obwohl sie erst am Wochenende in Urlaub gehe. Es stellte sich heraus, dass es bei ihr noch viel zu regeln gab: Die Fährverbindung musste geklärt, das Loch in der Luftmatratze geflickt werden und so weiter. Sie hatte einen präzisen Projektplan, der sie für die nächsten zwei, drei Tage völlig ausfüllte.

Auf meine Frage, ob sie denn ihr Leben ähnlich gut geplant habe, erntete ich nur einen verständnislosen Blick: »Leben kann man nicht planen!«

Dies ist eine beliebte Aussage, sie steht aber in unauflösbarem Widerspruch zu dem alten Sprichwort: Nur der Tor plant nicht! Wer plant, behauptet ja nicht, dass alles genau so eintrifft. Es kommt tatsächlich vieles anders, als man denkt. Und dennoch ergibt Planen großen Sinn.

Eine Definition von Planen ist das »Managen von Abweichungen«. Sie brauchen einen Plan, sonst können Sie sich auch nicht über Abweichungen unterhalten. Ein Beispiel macht das verständlich: Ein Reisender steht am Bahnsteig und wartet auf den Zug – vergebens. Schließlich wendet er sich wutentbrannt an den Bahnhofsvorsteher: »Wozu haben wir überhaupt einen Fahrplan, wenn dieser Zug 20 Minuten Verspätung hat?« Der Bahnhofsvorsteher antwortet gelassen: »Mein Herr, gäbe es keinen Fahrplan, woher wüssten Sie denn dann, dass dieser Zug zu spät kommt?«

Eine Fehleinschätzung von Planung ist, dass es sich hierbei immer um ein minutiöses, langfristiges Festschreiben der Zukunft handelt. Das stimmt aber nur in Einzelfällen. Es gibt viele verschiedene Formen und Stufen der Planung. Eine detailliertere Form ist angebracht, wenn es darum geht, Ihren morgigen Tag zu strukturieren oder wenn es Ihre Aufgabe ist, ein Protokoll für die geplante Marslandung im Jahr 2015 zu erstellen.

Je längerfristiger Ihre Perspektive, desto gröber natürlich auch die Planung. Planen in diesem langfristigen Kontext bedeutet vor allem »dem Leben Richtung geben«. Es ist faszinierend, das Leben berühmter und erfolgreicher Persönlichkeiten zu studieren. Fast alle hatten ein Ziel vor Augen, das sie erreichen wollten: einen Beruf, eine Erfindung, eine Aufgabe, ein Bauwerk ...

Was haben Sie vor Augen? Wo wollen Sie in drei, fünf, fünfzehn Jahren oder am Ende Ihres Lebens stehen? Stellen Sie sich vor, Sie schauen mit 70 Jahren zurück auf Ihr Leben. Was soll Ihr Leben geprägt haben? Was wollen Sie erreicht haben? Spüren Sie, welchen großen Einfluss die Beantwortung dieser Frage auf Ihr Leben hat? Es geht hierbei um die Kunst, *am Anfang das Ende im Blick* zu haben. Diese Kunst entscheidet mit über Ihre Lebensqualität. Es geht um vernünftiges und vorausschauendes Handeln. Wird dies zu einem Lebensstil, erspart es sehr viel unnötiges Leid und Schmerzen.

Zugegeben, dem eigenen Leben Richtung zu geben, ist nicht leicht. Aber wenn Sie es nicht selbst tun, dann überlassen Sie diese Aufgabe eben Ihrer Schwiegermutter, Ihrem Chef, Ihrem Partner, Ihren Kindern. Wollen Sie das? Es ist Ihr Leben. Unser Leben ist etwas so unvorstellbar Kostbares; gehen wir damit um, als hätten wir nur eines davon.

In unserer Beratungstätigkeit sind uns Hunderte von Menschen begegnet, die bisher nur Spielball der Wünsche und Erwartungen anderer waren. Irgendwann reicht es! Da war eine 75-jährige Frau, die bei einem unserer Seminare bedauerte, immer nur getan zu haben, was ihr Mann und die Umwelt von ihr erwarteten. Nach dem Tod ihres Mannes wollte sie nun endlich ihr Leben entdecken. Wenn sie so alt würde wie ihre Mutter, hätte sie noch 15 wertvolle Jahre, die sie endlich selbst gestalten wollte. Was für ein kluger Entschluss! Aber warum bis 75 warten?

Sollten Sie zum ersten Mal vor dieser Herausforderung stehen, einen konkreten Plan für Ihr Leben zu entwerfen, fragen Sie sich bestimmt: Wie packe ich so etwas an? In Schule und Familie wird man selten so konkret, dass man einen Lebensentwurf auf Jahrzehnte konzipiert. Möglicherweise ängstigt Sie der Gedanke sogar, aus dem Gewohnten auszubrechen und aus Ihrem Leben etwas Neues zu machen. Doch es ist ein lohnendes Ziel! Seneca bringt es auf den Punkt: »Wenn ich nicht weiß, in welchen Hafen ich segeln will, dann ist kein Wind für mich der richtige.« Für uns bedeutet das: Wenn wir erst einmal wissen, wohin wir mit unserem Leben wollen, dann können alle Kräfte und Ressourcen in diese Richtung gelenkt werden.

Geben Sie Ihrem Leben Richtung! Werden Sie zum Hauptaktionär Ihres eigenen Lebens!

Irrtum 2: »Meine aktuellen Projekte sind zu wichtig, um mich mit Lebensplanung beschäftigen zu können.«

Ihr wichtigstes Projekt ist Ihr Leben! Es ist das einzige Projekt, dessen Ausgang für Sie letztlich entscheidend ist.

Waren Sie schon einmal in einer Filmstadt? Wunderbare Kulissen ziehen an einem vorbei, und man hat wirklich das Gefühl, in einer schönen Stadt zu sein. Aber wehe, man nimmt sich die Zeit anzuhalten und durch eine der schmuckvollen Türen zu gehen. Man ist ernüchtert. Ein billiges Lattengerüst hält eine Illusion aufrecht. Hinter der Fassade trifft man auf die Realität. Ist auch Ihr scheinbar gelingendes Leben nur Fassade, hinter der sich Plan- und Ziellosigkeit zeigen?

Natürlich gehen wir davon aus, dass die meisten unserer Tätigkeiten wichtig sind. Doch steckt man erst einmal im Hamsterrad, ist es oft schwer zu unterscheiden: Ist die Sache wirklich wichtig oder nur scheinbar? Dreht sich das Rad zu schnell, bleibt zum Nachdenken keine Zeit mehr.

Bedenken Sie deshalb den bedeutenden Unterschied zwischen »wichtig« und »dringend«. Bringt mich etwas meinem Ziel näher? Dann ist es wichtig. Oder ist es nur dringend? Dann erfordert es meine unmittelbare Aufmerksamkeit, ohne mich wirklich weiterzubringen. Das, was wir als wichtig bezeichnen, ist meist nur dringend. Einmal im Jahr zum Zahnarzt zu gehen, ist wichtig. Haben Sie erst einmal Zahnschmerzen, wird es dringend. Über Jahrzehnte haben wir die für viele erstaunliche Beobachtung gemacht: Selten ist Wichtiges dringend, selten Dringendes wichtig. Im Kapitel »Offensiv umsetzen« werden wir näher darauf eingehen.

Um wirklich und nur scheinbar lebenswichtige Dinge voneinander unterscheiden zu können, muss man sich regelmäßig Zeit nehmen. Zeit um anzuhalten, auszusteigen, hinter die (eigenen) Kulis-

sen zu schauen und zu überprüfen: Was ist tragfähig, um ein Leben darauf zu bauen – und was ist nur Schein?

Besinnung ist ein altes und wiederentdecktes Wort für diese Zeit der Reflektion. Nachdenken, ob der Sinn, den ich dieser Sache zuschreibe, Wirklichkeit oder nur Fata Morgana ist. Viele haben im Blick auf die eigene Lebensgestaltung aufgehört, den Zusammenhang zwischen dem Heute und dem Morgen zu sehen. Was bringt mich wirklich weiter und was ist nur blinder Aktionismus? Um beurteilen zu können, was mich weiterbringt, muss ich natürlich wissen: Wo will ich überhaupt hin? Die Antwort auf diese Frage kann für Ihre seelische Gesundheit von entscheidender Bedeutung sein. Diese Beobachtung hat jedenfalls der englische Dichter William Blake gemacht: »Wer Wünsche hat, aber nicht handelt, brütet Pestilenz aus.«

Die eigene Geschäftigkeit und Umtriebigkeit ist einer der größten Feinde einer bewussten Lebensplanung und -gestaltung! Vielleicht kennen Sie die Szene aus dem Film *Titanic*, in der ein Herr auf dem sinkenden Schiff irritiert in seiner Flucht innehält, um eine falsch gehende Uhr zu stellen. Das war korrekt und pflichtbewusst, aber nutzlos.

Nehmen Sie sich also regelmäßig ein vernünftiges Maß an Zeit, um auch im Angesicht Ihrer vielen wichtigen oder auch nicht so wichtigen Projekte der Dringlichkeitsfalle zu entkommen. Wir werden später genauer auf diesen tückischen Fallstrick eingehen.

Irrtum 3: »Ich habe einen detaillierten Tagesplan, der mir hilft, mein Leben zu strukturieren.«

Die Tagesplanung ist der Blick von unten, sozusagen die Maulwurfperspektive. Was Sie allerdings brauchen, ist die Adlerperspektive, der Blick für das Ganze.

Ein guter Tagesplan ist ein unabdingbares Werkzeug, um das eigene Tagesgeschäft besser in den Griff zu bekommen. Dafür sind Zeitplanbücher ein etabliertes, inzwischen unersetzliches Hilfsmittel. Planen Sie jedoch nur Tag für Tag, geraten Sie in Gefahr, auf Geschehnisse lediglich zu reagieren. Sie verlieren leicht die Übersicht, die unbedingt notwendig ist, um langfristig vernünftige Entscheidungen zu treffen.

Eine gute Tagesplanung hilft Ihnen, Ihren Tag zu strukturieren. Eine gute Lebensplanung hilft, Ihrem Leben die richtige Richtung zu geben!

Bestimmt hatten Sie schon einmal die Gelegenheit, von einem Berggipfel die Aussicht zu genießen. Sie können den Weg verfolgen, auf dem Sie gekommen sind. Und dort drüben liegt der Weg, auf dem Sie weitergehen wollen. In weiter Ferne sehen Sie Ihr Ziel; den schönsten und höchsten Gipfel weit und breit. Der Weg dorthin ist teilweise verborgen in Tälern, Schluchten, hinter Bergkuppen und unter Wolkenfeldern. Dieses Bild prägt sich ein in Ihre innere emotionale Landkarte und Sie wissen: die Richtung stimmt! Trotz Auf und Ab ist dieser der sinnvollste Weg. Wenn es unterwegs auch oft verborgen sein wird – das Ziel existiert, und Sie werden es erreichen, wenn Sie weitergehen.

Was ist wichtiger: einfach vorwärts zu gehen – oder sich regelmäßig eine angemessene Zeit nehmen, um sich zu orientieren? Es braucht beides, um das Ziel zu erreichen! Machen Sie sich nichts vor im Blick auf Ihre Lebenserwartung. Die Sterbetafeln der Lebensversicherer sind hier gnadenlos: Als Frau kommen Sie im Schnitt auf gut 80 Jahre, als Mann auf 74. Im Vergleich zu früheren Generationen ist das ein traumhaft hohes Alter. Andererseits ist es keine Ewigkeit. Und doch leben sehr viele Menschen so, als sei der Tod ein Ereignis, das nur anderen begegnen kann. Vergessen Sie nicht: Die Sterblichkeitsrate des Homo sapiens liegt nach wie vor bei exakt 100 Prozent. Es trifft jeden, auch wenn wir das verdrängen. Insofern ist es durchaus sinnvoll, sich einen Überblick über das eigene Leben zu verschaffen und die Gegenwart richtig einzuordnen.

Dieses Buch fordert Sie heraus, gleichsam in einen Helikopter einzusteigen und Ihr Leben einmal aus der Adlerperspektive zu betrachten. Dort ist Ihre Arbeit, dort hinten Ihr Zuhause, Ihre Ehe, die

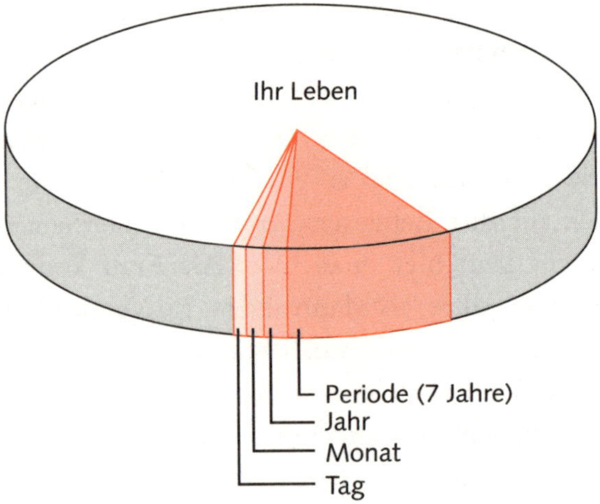

Die verfügbare Zeit Ihres Lebens

Schule der Kinder ... Sie sehen Bereiche, die wunderschön aussehen, die Ihr Herz höher schlagen lassen – und Landstriche, deren Existenz Sie lieber verleugnen würden. Sie entdecken Baustellen und auch einsturzgefährdete und unterentwickelte Bereiche; Gegenden, die lange nicht bewässert wurden, aber auch blühende Gärten.

Irgendwann müssen Sie wieder landen. Dann wird aufgeräumt, Bäume werden gepflanzt, strukturschwache Bereiche gefördert. Die Adlerperspektive hat Ihnen geholfen, Ihr Leben anders und neu zu sehen. Sie haben einen neuen realistischen Überblick und können so neu sammeln, sortieren und bewerten. Das verhindert, dass Sie sich auf Nebenschauplätzen des Lebens verzetteln.

Flüchten Sie nicht in blinden Aktionismus, ohne sich zuvor einen Überblick verschafft zu haben. Der Preis, den Sie dafür bezahlen müssen, ist höher, als Sie denken! Wir alle planen den Tag, hin und wieder auch den Monat, selten ein ganzes Jahr. Längere Zeiträume wie eine Periode (sieben Jahre) oder das ganze Leben sind von diesem Planungsprozess ausgeklammert. Wer indessen den Blick für ein ganzes Leben hat, verliert sich nicht im Gestrüpp des Tagesgeschäfts.

Irrtum 4: »Regelmäßiger Urlaub reicht mir, um meine Batterien wieder aufzuladen und das Leben zu meistern.«

Gewiss brauchen Sie körperliche Erholung. Aber Urlaub alleine klärt die Sinnfrage nicht. Nur wer den Sinn seines Handelns geklärt hat, findet Halt. Auch ein ganzes Jahr Urlaub beantwortet nicht die Frage nach der Vision, den Werten und dem Sinn.

Menschen werden depressiv, lustlos und krank, weil sie in ihrem Leben, in ihrem Schicksal keinen Sinn mehr sehen. Laut einer Studie der Krankenkassen und Berufsgenossenschaften finden sich stressbedingte Krankheiten dort am häufigsten, wo Menschen ihre Arbeit und ihr Leben als sinnlos empfinden. Entdecken Menschen den Sinn ihres Tuns wieder, werden sie wieder gesund. Viele Leser dieses Buches haben vermutlich dieselbe Erfahrung gemacht: Wenn Sie eine Aufgabe als sinnvoll erleben, fällt sie Ihnen ganz leicht.

Auch die Frage des persönlichen Lebensglücks ist aufs Engste mit der Sinnfrage verwoben. Das hat der renommierte amerikanische Glücksforscher Mihaly Csikszentmihalyi herausgefunden. Erst durch die Klärung der Sinnfrage sei es möglich, »das gesamte Leben in eine einheitliche Flow-Erfahrung zu verwandeln«, schreibt er in seinem Bestseller *Flow. Das Geheimnis des Glücks* (S. 281). Sinn ist also ein wichtiger Motivationsfaktor. Sinnlosigkeit dagegen ist ein Energiefresser, der Schlaf, das »gute Gewissen« und Leistung raubt.

Irrtum 5: »Eine gute Ausbildung garantiert mein Vorankommen.«

Eine gute Ausbildung ist zwar die Basis einer jeden Karriere, reicht aber bei weitem nicht aus. Darüber hinaus bedarf es präziser, schriftlicher Planung.

Eine Langzeitstudie der weltbekannten Harvard-Universität über den beruflichen Werdegang von Studienabgängern lässt über die Bedeutung schriftlicher Planung keine Zweifel aufkommen:

- 83 % hatten keine Zielsetzung für ihre Karriere. Sie verdienten im Schnitt einen bestimmten Dollarbetrag.
- 14 % hatten klare Zielsetzungen für ihre Karriere, diese aber nicht schriftlich festgelegt. Sie verdienten im Schnitt das Dreifache dieses Betrags.
- 3 % hatten klare Zielsetzungen für ihre Karriere und diese schriftlich festgelegt. Sie verdienten im Schnitt das Zehnfache dieses Betrags.

Natürlich ist eine gute Ausbildung Gold wert und bietet ein gutes Fundament. Aber wie bauen Sie auf diesem Fundament weiter? Noch nie in der Geschichte hat sich das weltweit verfügbare Wissen so schnell vermehrt wie heute. Zwischen 1800 und 1900 verdoppelte sich die Menge an weltweit vorhandener Information. Weitere Verdoppelungen fanden 1950, 1970 und 1980 statt. Zurzeit verdoppelt sich das weltweit vorhandene Wissen mindestens alle vier Jahre. In bestimmten Branchen wie der Informationstechnologie ist die Geschwindigkeit noch deutlich höher. Dies hat enorme Folgen für unser Leben, unsere berufliche und private Entwicklung. Veränderung geschieht wesentlich schneller!

Um aktuell zu bleiben, müssen Sie sich weiter- und fortbilden. In der auf uns einströmenden Informationsflut muss jeder selbst Schwerpunkte setzen. Es geht nicht mehr um eine einmalige Ausbildung, es geht um lebenslanges Lernen. Der Ausbildungsleiter ist nicht etwa eine Kultusministerkonferenz oder ein Lehrplan – Sie sind es selbst! Sie tragen die Verantwortung. Deshalb gehört dieser Bereich in Ihren (schriftlichen) Lebensplan.

Forscher gehen davon aus, dass eine heute unter 30-jährige Person in ihrem Leben vier bis sechs verschiedene Berufe ausüben wird. Hier geht es nicht um verschiedene Stellen, sondern *Berufe!* Technische und gesellschaftliche Veränderungen machen alte Berufe überflüssig und schaffen neue. Innerhalb eines Berufs verändern sich zum Teil radikal die benötigten Werkzeuge: Denken Sie an die Schriftsetzer, die vielleicht noch den Bleisatz erlernt haben, heute aber Fachleute am PC sein müssen.

Dinge verändern sich. Wer ist für Ihre persönliche Reaktion darauf verantwortlich? Ihr Chef, die Politiker, die Gesellschaft, Ihre Mutter ...? Nein, Sie sind es. Jeder ist gefordert, Unternehmer seines eigenen Lebens zu sein. Wie oft haben Sie es anderen überlassen, Ihnen zu sagen, wie Sie auf Situationen zu reagieren haben? Hören Sie auf damit! Bleiben Sie Dramaturg Ihrer Biografie. Wenn Sie nicht weiterwissen, holen Sie sich Berater – das ist in Ordnung und oft sehr wichtig. Aber treffen Sie die Entscheidungen selber. Schließlich ist es Ihr Leben.

Unserer Kultur ist das Prinzip der Selbstverantwortung ein wenig verloren gegangen. Der frühere Vorsitzende des Bundes Katholischer Unternehmer (BKU), Werner Then, hat einmal bissig die deutsche Situation kommentiert: »Eigenverantwortung ist bei uns gesetzlich verboten. Unser Leben wird durch 70 000 Gesetze und Verordnungen geregelt. Gewerkschaft und Unternehmer wollen unseren Weg bestimmen. Und dann suchen wir uns auch noch einen Urlaub aus, bei dem alles schon geregelt ist. Wir brauchen wieder eine Kultur der Eigenverantwortung.«

Übernehmen Sie Eigenverantwortung für Ihr Leben und Ihren Beruf. Das ursprüngliche Lebensmuster von Lernen, Arbeiten, ewiger Ruhe mit bezahlter Rente funktioniert nicht mehr. Es ist abgelöst worden von einem bunten Mix aus Ausbildung, Arbeit, Umschulung, Arbeit, Ruhe und beruflicher Neuorientierung, Arbeit, Arbeitslosigkeit, Arbeit, Sabbatical, Arbeit, Altersteilzeit ... Wenn Sie Ihr eigenes Leben nicht in die Hand nehmen, können Sie die Schuld hierfür niemand anderem geben als sich selbst. Die Umstellung vom alten Lebensraster auf das neue ist nicht leicht, aber möglich. Je früher Sie beginnen, desto einfacher. Wir haben viele ältere Menschen gesehen, die diesen nicht schmerzlosen Umstieg geschafft haben und das Neue sehr zu schätzen wissen. Ist das Neue erst mal integriert, hat es viele Vorteile. Für Sie hat das »Abenteuer Leben« neu begonnen – Sie sind Regisseur im Abenteuerspielfilm Ihres eigenen Lebens geworden.

Training ist Arbeit – aber es lohnt sich! Werden Sie zum Unternehmer Ihres eigenen Lebens. Das umfasst mehr als nur das berufliche Leben. Ein wichtiger Schritt ist geschafft, wenn Sie das wehmütige Zurückblicken hinter sich lassen. Trauern Sie nicht verpassten Chancen nach. Vergessen Sie die selbstquälerische Frage »Wie stünde ich heute da, wenn ich damals …?« Das alles bringt nichts. Gestern ist gestern, morgen ist morgen und das Heute ist jetzt entscheidend.

Und vor allem: Denken Sie nie, es sei zu spät für bahnbrechende neue Weichenstellungen. Wir neigen dazu, die Chancen des Alters zu unterschätzen. Winston Churchill war 76 Jahre alt, als ihn die Briten noch einmal zum Premierminister wählten. Konrad Adenauer stand sogar mit 85 noch einmal für das Amt des Bundeskanzlers zur Verfügung. Der Schriftsteller Ernst Jünger verfasste mit 90 Jahren seinen ersten Kriminalroman. Und der polnische Pianist Mieczyslaw Horszowski ließ es sich nicht nehmen, als 98-Jähriger noch eine Schallplatte mit Werken von Bach, Schumann und Chopin einzuspielen. Es ist nie zu spät, etwas Neues anzupacken.

Was uns in unserer Seminar- und Beratungsarbeit auffällt, ist die ungeheure Dynamik einer schriftlichen Planung. Sie sehen dies ja an der oben aufgeführten Studie der Harvard-Universität. Schriftlichkeit fördert eine bewusstere Auseinandersetzung. Unsere Empfehlung lautet daher: Lebensplanung sollte schriftlich niedergelegt und regelmäßig überarbeitet werden. Nicht jedem fällt dies leicht, aber es ist ganz offensichtlich ein wesentlicher Baustein für das »Fortkommen«. Der Prozess, den wir in diesem Buch mit Ihnen durchlaufen, ist hierfür eine tausendfach bewährte Hilfe.

Irrtum 6: »Ich weiß viel über Zeit- und Lebensplanung und habe mein Leben im Griff.«

Die meisten Menschen sind zwar Wissensriesen, aber Umsetzungszwerge.

Die längste Distanz, die es auf dieser Welt zu überwinden gilt, ist der Weg vom Kopf ins Herz und vom Wissen zum Tun. Gewiss, wir haben viele Bücher gelesen, Vorträge gehört, Talkshows gesehen, Seminare besucht. Aber dies allein macht uns nicht zu Nutznießern der positiven Folgen richtigen Handelns.

Ein Mann kam zu uns in ein Seminar und sagte, er sei der beste Ehemann, der fürsorglichste Vater und beste Chef, den er sich vorstellen könne. Das einzige Problem sei, dass keine der betroffenen Personen dies auch nur im Ansatz bestätigen wolle. Im weiteren Gespräch war es nach einiger Zeit möglich, diesem sehr beschäftigten und wohlmeinenden Herrn zu der Entdeckung zu verhelfen, dass er theoretisch viel verstanden hatte, dass jedoch der Unterschied zwischen Theorie und Praxis sehr groß war. Es gilt das Wort des evangelischen Sozialreformers Gustav Werner: »Was nicht zur

Tat wird, hat keinen Wert!« Mit der Umsetzung von Erkanntem in die Praxis hat in einem gewissen Maß jeder zu kämpfen. Wir wissen, was zu tun ist, aber wir tun nicht, was wir wissen. Deshalb muss ein Leben in Balance über die traditionelle Zeitplanung hinausgehen.

Irrtum 7: »Ich beherrsche eine Menge Arbeitstechniken. So bekomme ich mein Leben organisiert.«

Es geht nicht so sehr darum, die Dinge richtig zu tun (Effizienz), als vielmehr die richtigen Dinge zu tun (Effektivität).

Für die meisten Menschen ist die Uhr das entscheidende Hilfsmittel. Alles muss immer schneller und dazu noch pünktlich abgewickelt werden. Letztlich ist dies die Forderung nach Effizienz, also die Dinge richtig zu tun. Viele von uns rennen ständig im Kreis. Da können auch keine Arbeitstechniken und keine Uhr helfen. Legen Sie die Uhr für einen Moment weg und bedienen Sie sich eines anderen Instruments: Nehmen Sie einen Kompass. Er hilft uns, die viel spannendere Frage zu beantworten, nämlich die nach der richtigen Richtung.

Gotthold Ephraim Lessing formuliert dies so: »Der Langsamste, der sein Ziel nicht aus den Augen verliert, geht immer noch geschwinder als der, der ohne Ziel umherirrt.« Wir brauchen tragfähige Ziele! Ziele, die mehr als einen schnellen Kick versprechen. Ziele, für die sich Engagement, Investitionen, Leidenschaft und Mühen lohnen. Wie viele Männer und Frauen sind die Karriereleiter ehrgeizig nach oben geklettert und haben irgendwann festgestellt, dass diese Leiter an der falschen Wand lehnt!

Die PRO-Formel

Durch den vorangegangenen Test haben wir weit verbreitete Irrtümer entlarvt. Das Ergebnis wirft allerdings auch Fragen auf. Was fangen Sie denn mit den gewonnenen Erkenntnissen an? Welche Konsequenzen haben sie für Ihre weitere Lebens- und Berufsplanung? Diese Fragen tauchen auch in unseren Seminaren immer wieder auf. Wir haben dabei drei verschiedene Typen von Menschen beobachtet.

- *Menschen, die sich selbst nicht kennen.* Dieser Typ hat sich nie tiefergehende Gedanken über sein Potenzial gemacht. Die Begabungen und Talente, die in ihm schlummern, bleiben häufig verdeckt. Manchmal engagiert sich dieser Typ ausgerechnet in einem Bereich, der überhaupt nicht seinen Gaben entspricht, und wird dabei unglücklich. Man kann aus einem Falken keine Nachtigall machen. Jedes dieser wunderbaren Geschöpfe hat seine Vorzüge. In der Natur erkennen wir die wunderbare Vielfalt der Arten, das unterschiedliche Potenzial jeder Art. Auch jeder Mensch hat einmalige Fähigkeiten. Manche Zeitgenossen haben das aber noch nicht erkannt und schielen neidisch oder frustriert auf andere, anstatt ihr eigenes Potenzial zu entdecken und zu entfalten. Es gibt den inspirierenden Satz: »Erfolg ist, was folgt, wenn wir uns selbst folgen.« Wer nicht im Einklang mit seinem Potenzial lebt, wird kaum in einem tieferen Sinn Erfolg erleben.

- *Menschen, die nicht wissen, wo sie mit ihrem Leben hinwollen.* Dieser Typ ist aus verschiedenen Gründen verunsichert. Vielleicht hat er nie ein erstrebenswertes Lebensziel vor Augen gehabt und lebt nur so in den Tag hinein. Oder eine Lebenskrise (zum Beispiel die Midlife-Crisis) erschüttert alles, was bislang als unverrückbare Vorstellung galt. Die Frage, welche Ziele sie für ihr Leben haben, beantworten diese Menschen mit einem Schulterzucken.
- *Menschen, die wissen, wo sie hinwollen, sich aber nicht auf den Weg machen.* Dieser Typ ist in der Regel frustriert. Er hat tausend Entschuldigungen dafür, warum er das nicht lebt, was angeblich für ihn am wichtigsten ist. Es fehlt an Energie, an Initiative, aber auch an der Fähigkeit, zur richtigen Zeit Nein zu sagen. Diese Menschen leben letztlich nicht im Einklang mit sich selbst, weil Wunschvorstellungen und Realität viel zu weit auseinander klaffen.

Allen Typen wird die bereits vorgestellte PRO-Formel aus ihrer wenig beneidenswerten Situation heraushelfen.

Wer mit der PRO-Formel sein Leben neu überdenkt, neu plant und sich offensiv an die Umsetzung macht, kann auch in einer selbstbestimmten Zukunft leben. Im abschließenden Kapitel beschäftigen wir uns mit der Ernte und wie Sie die Frucht Ihrer Arbeit genießen können. Gelassenheit ist keine Utopie, sondern eine Chance. Und Sie sind im Moment auf dem besten Wege dorthin.

Anstrengung ohne Fortschritt: das Hamsterrad

Sie kommen müde nach Hause, die Augenlider sind schwer. Sie schwören sich, heute gehe ich endlich mal früh schlafen. Doch als aktiver Mensch, der Sie sind, hetzen Sie noch schnell in den Supermarkt, führen ein paar Telefonate, erledigen ein paar Handgriffe im Haushalt und bereiten schließlich noch den wichtigen Geschäftstermin des nächsten Morgens vor. Sie setzen sich hin, arbeiten noch ein, zwei Stunden und hängen sich zum Entspannen noch »kurz« vor den Fernseher. Ein bisschen Erholung muss doch sein! Und dann fallen Sie viel später als geplant ins Bett. Am nächsten Morgen

klingelt im Bundesdurchschnitt um 6.18 Uhr der Wecker. Und auf geht's zur nächsten Runde: waschen, schnelles Frühstück, der Weg zur Arbeit, Termine ...

Haben Sie schon einmal einen netten kleinen Nager in seinem Hamsterrad beobachtet? Wenn nicht, nehmen Sie sich die Zeit. Es ist faszinierend zu sehen, wie viel Energie man aufwenden kann, ohne sich von der Stelle zu bewegen. Das Hamsterrad ist zum Symbol unserer Zeit geworden. Und wir haben viel investiert, diese Einrichtung ständig zu verbessern. Wir haben das Lager geschmiert, damit das Rad leichter läuft; wir haben die Radgröße und die Tretabstände angepasst, damit wir hurtiger laufen können. Was uns dabei aus dem Blickfeld geraten ist: Das alles bedeutet noch keinen Fortschritt. Denn wir kommen im Hamsterrad nicht vom Fleck!

Vielleicht kennen Sie dieses Gefühl: Sie rennen und laufen die ganze Zeit. Was haben Sie nur heute wieder getan? Zehn Dinge hatten Sie sich vorgenommen, zwei Dinge haben Sie geschafft. Permanent Anrufe, unangemeldete Besucher, Faxe mit dem Stempel »dringend«, Sitzungen mit Überlänge ... Die Mühle klappert, aber das Mahlergebnis ist sehr gering.

Gisela, eine »typische« Mutter und Hausfrau, kann ein ähnliches Lied singen: »Ich habe keine Zeit. Morgens: aufstehen, Kinder wecken, Frühstück machen, schauen, dass alle ordentlich und rechtzeitig das Haus verlassen. Dann bleiben mir gerade drei Stunden, um den Haushalt auf die Reihe zu bringen. Mittags kommen die Kinder. Von halb eins bis halb drei ist Restaurant Mama geöffnet. Dann die Hausaufgaben; jeden Nachmittag muss ich irgendeines der Kinder zum Sport oder Musikunterricht bringen. Meine Schwiegermutter hat Geburtstag, da muss ich noch alles für Samstag vorbereiten und dann noch der Garten – ach, der Garten ... Um zehn Uhr abends fall ich todmüde ins Bett. Es bleibt kaum Zeit für mich.«

Ein guter Rhythmus ist die gesunde Form, rastloses Getriebensein die ungesunde, krank machende. Im Normalfall ist Stress nur ein kurzfristiger Zustand und schadet deshalb nicht. Gefährlich wird es, wenn aus dem kurzfristigen Stressgefühl ein dauerhafter Zustand wird. Mindestens 15 Prozent der deutschen Führungskräfte leiden laut einer Studie in Deutschland an einer schwer gesundheitsschädigenden Form von Dauerstress und Getriebensein. Was sind die Folgen?

Die Zeitschrift *Psychologie heute* zitiert in einem Artikel wissenschaftliche Studien, die bestätigen: Starker und chronischer Stress schwächt *direkt* das Immunsystem. Dies führt unmittelbar zu gesundheitlichen Störungen und beeinflusst den Verlauf bestehender Krankheiten negativ. Der Psychoneuroimmunologe Ronald Glaser berücksichtigte hierbei das Ergebnis von über 85 Studien. Die gute Nachricht: Verhaltenstherapeutische Methoden führen zu einer deutlichen Verbesserung, sogar der Immunwerte – noch ein guter Grund, dieses Buch bis zum Ende zu lesen.

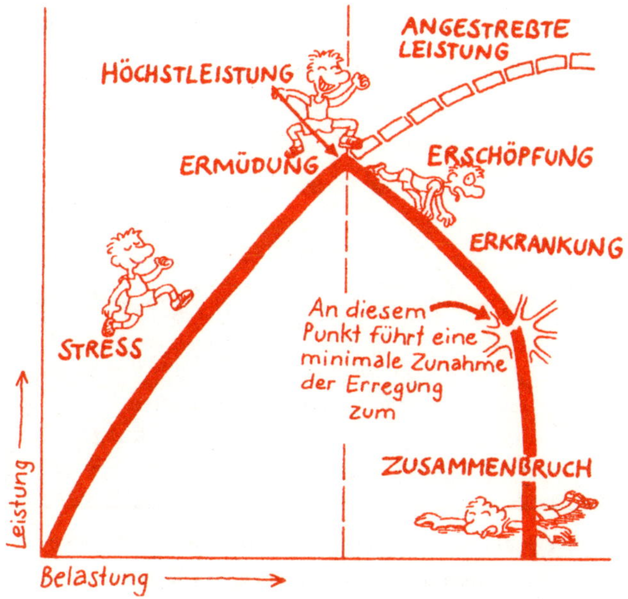

Ein Leben im Hamsterrad hat nicht nur Auswirkungen auf unseren Körper. Auch die Kreativität leidet enorm unter ungesundem Dauerstress. Sind Ihnen in Phasen permanenten Stresses gute neue Ideen gekommen? Viel Kreativität geht verloren, wenn wir nur noch im Hamsterrad japsen und unser einziges Ziel ist, den heutigen Tag zu überstehen.

Leben Sie oder werden Sie gelebt? Gestalten Sie Ihr Leben oder werden Sie gestaltet? Ist es überhaupt möglich, in einer gesunden Balance aus Ausgewogenheit und Spannung zu leben? Das Leben ist doch harte Arbeit. Ist Gelassenheit und das Reden von einer selbstbestimmten Zukunft nicht nur ein Traum, ein populistisches Versprechen selbst ernannter Motivationspäpste? Was sind Prinzipien, die für jeden Menschen gelten? An dieser Stelle eine Warnung: Vorsicht vor Modellen, die vielleicht bei Hanna Hinterhuber oder Fritz Bierbaum funktionieren, aber nicht bei Ihnen. Nicht alles ist einfach übertragbar. Die Frage stellt sich: Wie baue ich an einem gesunden, erfüllten Leben, das zu *mir* passt? Wie erreiche ich es, meine Zukunft selbst zu bestimmen? Das sind die Fragen, die Sie nicht nach Schema F, sondern nur gemäß Ihrer individuellen Persönlichkeit beantworten können.

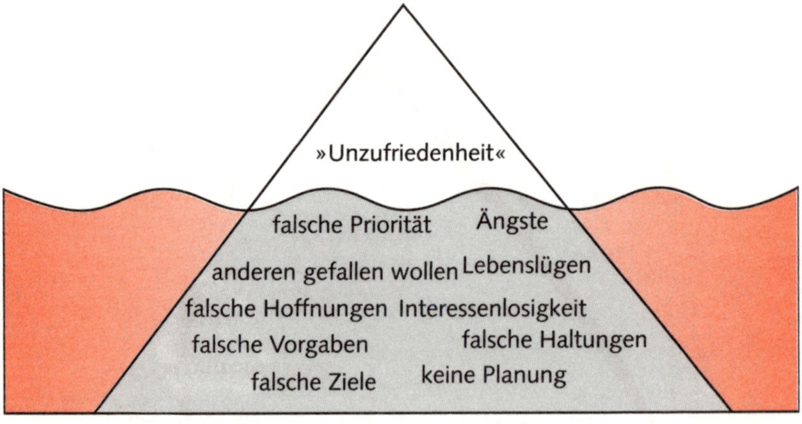

Unsere Zeiteinteilung ist nur die sichtbare Spitze unserer inneren verborgenen Welt

Die folgenden Seiten sollen für Sie eine Entdeckungsreise werden, die bereits für viele unserer Seminarteilnehmer zum »Aufbruch zur Gelassenheit« wurde und ihnen den Weg in eine selbstbestimmte Zukunft eröffnet hat.

Was motiviert Sie?

Es gibt zwei Hauptmotive, die uns zum Handeln antreiben. Im englischen Sprachraum heißen sie »pain & pleasure«, also Schmerz und Vergnügen. Was uns stärker antreibt als alles andere, sind die Bemühungen, Schmerzen zu vermeiden und Vergnügen zu erleben.

Diese beiden Motive funktionieren prinzipiell bei jedem Menschen. Wenn wir uns die Muster anschauen, die der Werbung zugrunde liegen, erkennen wir genau diese Versprechen: Wer Produkt xy kauft, erleidet in einem bestimmten Lebensbereich keine Schmerzen mehr, sondern erlebt ganz im Gegenteil die angenehmsten Gefühle. Denken Sie an den Marlboro-Cowboy, der uns nicht über die von Zigaretten ausgelöste Krebsgefahr informiert, sondern uns durch den inhalierten Rauch das Gefühl von Freiheit und Abenteuer verheißt.

Ist unser Schmerz in einer Sache groß genug, sind wir auf einmal bereit, Dinge auf uns zu nehmen, die uns vorher als »viel zu anstrengend« erschienen. Die Beispiele hierfür sind Legion. Horst war eine dynamische Führungskraft Anfang vierzig. Er hatte mehrere Bücher publiziert, leitete eine große Organisation, reiste viel, um Vorträge und Seminare zu halten und Menschen zu beraten. Die Rückmeldung auf seine Arbeit war überwältigend. Menschen berichteten dankbar von der großartigen positiven Lebenshilfe, die sie durch sein Engagement erfuhren. Zu Hause war er ein guter Vater für seine große Familie, bis ihm überraschenderweise eines Tages ein Herzinfarkt signalisierte: zu viel! Nach einer spannenden Genesungsphase lernte er, nicht jede Einladung anzunehmen. Er lernte Nein zu sagen, auf seinen Körper zu hören und ein gesundes Maß an Bewegung in seinen Alltag zu integrieren. Früher hatte er dafür leider oft keine Zeit ...

Ein anderer erfolgreicher Geschäftsmann baute mehrere profitable Unternehmen auf, überquerte den Atlantik in der Concorde, war leidenschaftlicher Pilot, tat mit seinem Vermögen viel Gutes. Er hatte nur zwei Schwächen: Ernährung und Bewegung. Diese Schwächen kosteten ihn mit 53 sein Leben.

Viele von uns merken durch Alarmsignale unterschiedlichster Art: »So kann es nicht weitergehen!« Die Beziehung zum Partner ist sehr angespannt oder nur noch ein »Irgendwie-nebeneinander-her-Leben«. Zu den Kindern ist so gut wie kein Kontakt mehr da. Der Schuldenberg wächst dramatisch. Man wiegt 10 Kilo mehr als vor zwei Jahren. Die besten Mitarbeiter verlassen nach und nach die Firma. Eigentlich haben wir keine Freunde mehr. Geschäftlich reagieren wir nur noch und schimpfen über unzuverlässige Menschen und die böse Umwelt. Natürlich weiß jeder: Es gibt kein Leben ohne Arbeit und Schmerz. Sehr viel davon ist jedoch hausgemacht, uneffektiv, unnötig und vermeidbar, wenn wir rechtzeitig die Alarmsignale beachten und darauf reagieren.

Eines unserer Zeitmanagement-Seminare fand in einer wunderschön gelegenen Herzklinik statt. Das Haus war uns wegen seiner freundlichen Seminarräume empfohlen worden. Als wir über die gesundheitlichen Folgen von Dauerstress und dessen Folgen diskutierten, konnten wir parallel vor dem Fenster auf der Terrasse Männer in unserem Alter beobachten, die scheinbar sehr viel Zeit hatten. In der Pause fragten uns einige dieser Patienten, was für ein Seminar wir durchführten. Auf die Antwort »Zeitmanagement für Führungskräfte« sagten sie, sie seien auch »Geschäftsführer«, »leitend in der Automobilindustrie tätig« und dergleichen. Natürlich habe ihr Lebensstil dazu geführt, dass sie hier seien. Auf Nachfrage der Teilnehmer, was die Patienten in Zukunft anders machen wollten, begann diese Gruppe auf einmal zu prahlen, wer die meisten Bypässe besitzt. Eine tiefe Nachdenklichkeit hatte bei ihnen offensichtlich immer noch nicht eingesetzt. Die beobachtenden Seminarteilnehmer wurden sehr still und schüttelten leise den Kopf. Ein Geschäftsführer bedankte sich nach der Veranstaltung – es hätte für ihn gar nicht eindrucksvoller sein können.

Selbstverständlich kann man warten, bis der eigene Schmerz groß genug ist, damit ausreichend Veränderungsbereitschaft entsteht. Uns sind in der Beratung mehrfach Menschen begegnet, die nur ein bisschen Veränderungsbereitschaft mitbrachten und hofften, dass der Berater nun den Zaubertrank besäße, womit sie sich ohne Anstrengung zum Positiven verändern könnten. Diese Menschen irren. Veränderung ist nur möglich, wenn Sie sich ändern *wollen*. Die einen wollen es aus Vernunft, die anderen aus leidvollen, schmerzlichen Erfahrungen. Wir schlagen Ihnen zur Schonung Ihrer Nerven vor, sich aufgrund des ersten Motivs zu verändern.

Was bedeutet es, sich zu verändern? Sie haben Dinge bis heute auf eine bestimmte Weise gemacht. Die Erfahrung hat Ihnen jedoch gezeigt: So wie Sie es jetzt machen, ist es zerstörerisch. Es raubt Ihnen Lebensqualität, zehrt an Ihrer Firma und Ihren Beziehungen. Sie leben mit dem permanenten Gefühl, am Ziel vorbeizuleben und nicht dorthin zu gelangen, wo Sie eigentlich hin wollen. Sie entscheiden sich deshalb, ein neues, besseres Verhalten einzuüben. Gegen alte Gewohnheiten anzugehen ist jedoch härteste Arbeit.

Menschen werden automatisch älter, aber nicht unbedingt reifer. Reifer werden bedeutet, aus erlebtem »vermeidbarem« Schmerz zu lernen und rechtzeitig die Weichen für ein anderes Verhalten zu stellen.

Viele Erfahrungen kann man »gebraucht« erheblich günstiger bekommen. Die Hauptmotive »pain & pleasure« zeigen sich im Ansporn durch Vorbilder. Stellen Sie sich vor, einer Ihrer Kollegen vollbringt Erstaunliches durch die Anwendung einer bestimmten Methode. Sind Sie in solchen Fällen nicht auch (zumindest heimlich) motiviert, es auf dieselbe Weise zu probieren? Dieser Prozess geschieht meist unbewusst.

Weisheit bedeutet, hier innezuhalten, nicht nur zu reagieren, sondern zu überlegen, abzuwägen und das Tragfähige zu tun. Es spornt mich an, wenn ich sehe, was mein Kollege geschafft hat. Aber mein Kollege ist mein Kollege, und ich bin ich. Was passt für mich? Was ist für mich das Richtige? Ich will nicht den anderen kopieren, sondern ich will ergründen, was an seinem Denken, Reden und Handeln so faszinierend ist, dass ich dem nacheifern möchte.

Getrieben oder berufen?

Was hält Menschen davon ab, ihr eigenes Leben positiv kreativ zu gestalten? Amerikanische Wissenschaftler widmeten sich dieser Frage in einer Studie und machten eine interessante Entdeckung. Die meisten Menschen tendieren dazu, fast automatisch in eine von drei zerstörerischen Rollen zu schlüpfen.

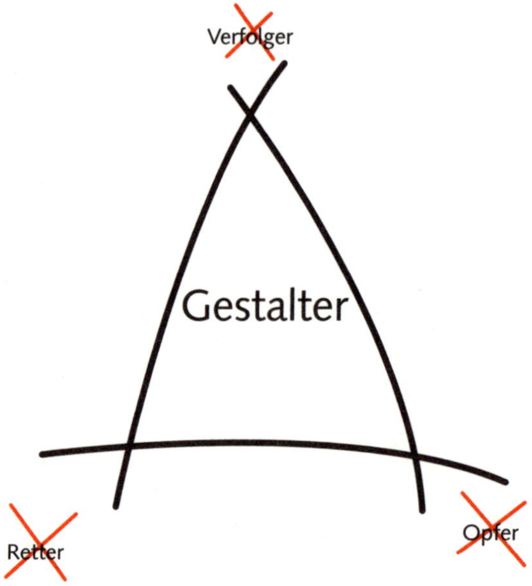

Vom Rollenbesitzer zum Gestalter

Das Opfer

Die erste, vielleicht auffälligste Rolle, die proaktives eigenes Handeln verhindert, ist die schlechte Gewohnheit, sich als Opfer zu fühlen. Kennen Sie einen Menschen, auf den das zutrifft? Alle anderen sind schuld an seiner Misere, nur er selbst nicht: der Bundesfinanzminister, die Kinder, der Partner, der Chef, die Arbeitskollegen, das Wetter ... Wer tröstet ihn, ein Opfer dieser schnöden, bösen Welt?

Als Faustregel gilt: Nur 10 Prozent unseres Lebens sind nicht veränderbar, 90 Prozent könnten wir direkt durch unser Verhalten und unsere Reaktion beeinflussen. Ein Opfer jedoch fühlt sich immer als ohnmächtiges Objekt des Handelns anderer. Es zeichnet sich aus durch Selbstmitleid, Jammern und Passivität. Aus Ersterem bezieht es seine Lebenskraft. Das fühlt sich vielleicht wie Motivation an, ist aber eine Täuschung. Denn es führt dazu, dass ich nur um mich selbst und meine Sorgen kreise. Das Credo des Opfers lautet: Ich bin einfach ein armes Schwein.

Der Retter

Retter lieben Opfer. Denn wo es ein Opfer gibt, da gibt es etwas zu retten. Ohne großes Nachdenken folgt den Mitleidsgefühlen die Aktion. Ein Retter zu sein wirkt sehr edel. Retter verhindern jedoch, dass andere Verantwortung für ihr eigenes Leben übernehmen. Der »Winnetou« im Retter reagiert nur auf Not und Mitleid, ohne zu fragen, was jetzt und langfristig eigentlich richtig wäre. Während ein Opfer seine Lebensenergie aus dem Selbstmitleid schöpft, kennzeichnet den Retter meist nur blanker Aktivismus. Was nach außen oft sehr hilfsbereit wirkt, kann genauso gut eine Flucht sein vor dem Innehalten, dem Nachdenken und dem Suchen nach der richtigen Lösung. Kennen Sie Leute in Ihrem Umfeld, die oft einfach lieber aktiv werden, anstatt nachzudenken und abzuwägen, was jetzt wohl das Richtige ist?

Der Verfolger

Wo es Retter und Opfer gibt, darf der Dritte im Bunde nicht fehlen: der Verfolger. Ein Verfolger schiebt Verantwortung immer anderen zu. Anders als das in Selbstmitleid versinkende Opfer setzt er auf Angriff! Er klagt an, schimpft, jammert, polemisiert. Kennen Sie Leute, die nie schuld sind? Immer sind es die anderen, die verantwortlich sind für das Scheitern eines Projektes ... Wenn die bösen anderen nicht wären, würde alles gelingen.

Workshop: Meine Lieblingsrolle

In jedem von uns leben zu einem gewissen Anteil alle drei Rollen. Trotzdem hat jeder seine Lieblingsrolle. Welche ist Ihre? Welche Ihre Nummer zwei? Vielleicht variiert es bei Ihnen je nach Lebensbereich?

Der folgende Fragebogen soll Ihnen helfen, zu erfahren, welche Rolle Sie tendenziell am meisten davon abhält, Ihr Leben proaktiv zu gestalten. Bitte tragen Sie ein, inwieweit die folgenden Aussagen auf Sie zutreffen. Entscheiden Sie bitte nicht danach, wie Sie gerne wären, sondern was Ihrem Verhalten in der Vergangenheit am meisten entsprach. Vielleicht bitten Sie auch noch einen Freund oder Ihren Partner, Sie einzuschätzen?

Aussage	trifft zu 1	trifft weitgehend zu 2	trifft einigermaßen zu 3	trifft eher weniger zu 4	trifft kaum zu 5	trifft nicht zu 6
Wenn ich in Stress gerate, ...						
1. packe ich an und werde aktiv.						
2. bin ich eher zurückhaltend und überlege, was diese Situation für mich bedeutet.						
3. ärgere ich mich über andere und deren Mitschuld an diesem Stress.						
Wenn andere mich in einem Konflikt angreifen, ...						
4. halte ich lieber den Mund, versuche ruhig zu bleiben, bin eher still; es hat meist sowieso keinen Wert etwas zu sagen.						
5. konfrontiere ich den anderen.						
6. werde ich aktiv und versuche schnellstmöglich den Grund zu beheben.						
Andere Menschen bewirken oft, ...						
7. dass ich mich gut fühle.						
8. dass ich mich schlecht fühle.						
9. dass andere sich gut fühlen.						
10. dass andere sich schlecht fühlen.						
Generell ist mir wichtig:						
11. Man muss sich wehren, sonst tanzen einem die anderen irgendwann auf der Nase herum.						
12. Wenn ich andere unterstütze, bringt dies langfristig automatisch eine Verbesserung.						

Tragen Sie bitte die Werte in die Kästchen ein:

	Nr.	Retter	Nr.	Verfolger	Nr.	Opfer
	1		3		2	
	6		5		4	
	9		10		7	
	12		11		8	
Summe						

Der niedrigste Wert bezeichnet Ihre Lieblingsrolle. Bitte bedenken Sie auch das Umfeld, an das Sie dachten, als Sie die Fragen beantworteten. Greifen Sie im beruflichen und privaten Umfeld die gleiche Rolle auf?

Manche Menschen haben die erstaunliche Fähigkeit, innerhalb weniger Sekunden von einer Rolle zur nächsten zu mutieren. Aus dieser unserer Rolle ziehen wir Kraft, Wegweisung und Orientierung. Ein Retter ist zum Beispiel in Gefahr, seine Selbstbestätigung und Identität nur aus seiner Rolle als Helfer zu ziehen. Das Gleiche gilt natürlich auch für die anderen Rollen. Jede dieser Rollen ist zerstörerisch und hält uns davon ab, unserem wirklichen Auftrag nachzukommen, unser Leben bewusst zu gestalten! Charles Swindoll bringt es auf den Punkt:

»Je länger ich lebe, desto mehr begreife ich die Wirkung,
die unsere persönliche Einstellung auf das Leben hat.
Persönliche Einstellung ist für mich wichtiger als Tatsachen.
Sie ist wichtiger als die Vergangenheit, als Erziehung, als Umstände,
als Geld, als Erfolge, als das, was andere Menschen sagen oder tun.
Sie ist wichtiger als Aussehen, Begabung oder Können.

Persönliche Einstellung ist das A und O für eine Firma ... eine Gemeinde ...
eine Familie.
Bemerkenswert daran ist, dass wir jeden Tag neu entscheiden können,
in welcher Einstellung wir dem Tag begegnen wollen.

Wir können unsere Vergangenheit nicht verändern.
Wir können auch die Tatsache nicht ändern,
dass Menschen in einer bestimmten Weise handeln werden.
Wir können nur eins tun, auf der einzigen Saite zu spielen, die wir haben,
und das ist unsere persönliche Einstellung …

Ich bin davon überzeugt, dass mein Leben zu 10 Prozent aus dem besteht, was mit mir geschieht, und zu 90 Prozent aus dem, wie ich darauf reagiere. Das gilt auch für dich … wir können unsere persönliche Einstellung kontrollieren.«

Bei 10 Prozent unseres Lebens haben wir keinen Gestaltungsspielraum, aber 90 Prozent sind gestaltbar! Selbst wenn in Ihrem Leben 20 Prozent nicht veränderbar wären, so blieben doch 80 Prozent, um zu gestalten. (Sollte Ihr Gefühl Ihnen sagen, bei Ihnen sei noch weniger zu gestalten, könnte dies auf eine zeitlich begrenzte Ausnahmesituation hinweisen – aber wohl eher darauf, dass Sie ein »Opfer« sind.)

Werden Sie zum Gestalter Ihres Lebens, Ihrer Zukunft. Entdecken Sie die vielen Möglichkeiten, nicht mehr nur zu reagieren, sondern zu gestalten.

Alles liegt in dir

Wenn du denkst, dass du geschlagen bist,
dann bist du geschlagen.

Wenn du denkst, dass du's nicht wagst,
wirst du es nicht wagen.

Wenn du gewinnen möchtest, aber denkst,
dass du's nicht kannst,
ist es fast unmöglich,
dass du es schaffen wirst.

Wenn du denkst, dass du verlieren wirst,
hast du verloren.

Denn in der Welt draußen wirst du sehen,
dass der Erfolg mit dem Willen eines Menschen beginnt.

Alles liegt in dir.

Keine Angst vor neuen Lebensphasen!

Menschliches Leben ist genial konzipiert: Wir Menschen sind so angelegt, dass wir in unserem Leben durch unterschiedlichste Phasen gehen. Jede Phase hat ihre eigene Entwicklungsaufgabe. Ohne dass ein Mensch diese bewältigt, kann er nicht reifer werden. Sie kennen die verschiedenen Lebensphasen: Entwicklung im Mutterleib – Kindheit – junger Erwachsener und so weiter.

Zwischen den oben beschriebenen Zeiträumen fehlt jedoch etwas Entscheidendes: die Übergangsphase von einem Stadium in das nächste. Menschen, die diesen Übergang gerade durchleben, nehmen ihre Situation meist als Krisen wahr. Die Zeit im Mutterleib, warm, ein Leben wie in der Badewanne, mit gedämpftem Licht, dem angenehmen Rhythmus des mütterlichen Herzschlages, immer vertrauter werdenden Stimmen des Familienkreises – das alles wird jäh unterbrochen von äußerem Druck. Das Baby wird durch eine enge Öffnung nach außen gequetscht. Dort ist es kalt, furchtbar hell, laut, man muss sogar arbeiten, um Nahrung aufzunehmen ... Psychologen sagen, die Geburt sei die größte Krise unseres Lebens. Herzlichen Glückwunsch: Sie alle, die dieses Buch gerade lesen, haben die schwerste Krise gemeistert.

Die Phase der Kindheit ist eine stark prägende Zeit. Hier lernen wir nicht nur laufen, schreiben und lesen. Wir lernen, wie man mit anderen Menschen umgeht. Wir lernen Dinge anzustoßen und wie man sie zu einem Abschluss bringt. Wir lernen zu lernen. Für unser ganzes Selbst-, Welt- und Menschenbild wird die Grundlage gebildet. Dann kommt die berühmte »Krise« (Übergangsphase) der Pubertät. Man ist weder Kind noch Erwachsener, will beides gleichzeitig sein und doch auch wieder nicht. Keine einfache Zeit für Teenager und deren Umfeld. Sie kennen es vermutlich nicht nur aus Erzählungen ...

Endlich ist der Sprung ins Erwachsensein geschafft. Sturm und Drang ist angesagt. Die neue Freiheit wird ausgekostet. Ich darf nach Hause kommen, wann ich will, habe meine eigene Wohnung, mein eigenes Auto, darf meine Entscheidungen selbst treffen.

Auf einmal steht uns wieder ein Übergang bevor, Romano Guardini nennt ihn die Ideal-Real-Krise. Wir wollten doch die größte Softwareschmiede der Welt aufbauen, die ganze Erde zur atomwaffenfreien Zone demonstrieren, ein Leben lang ferne Länder bereisen – stoßen aber an die Grenzen der Realität. Nicht, dass das jeweilige Grundanliegen unbedingt falsch war, aber unser Idealismus wird in dieser Phase mit der Wirklichkeit hart konfrontiert.

Nach den Jahren, die von Gründen, Arbeiten und (Auf-)Bauen geprägt sind, folgt die so genannte Midlife-Crisis. Man hat die Vierzig überschritten, die körperlichen Kräfte sind nicht mehr ganz so wie früher, Schwerpunkte verschieben sich. Arbeitet man mit jungen Erwachsenen zusammen, merkt man den Unterschied. Man selbst fällt nach einem langen Arbeitstag um 23 Uhr müde ins Bett, während die Jungen um die gleiche Zeit noch ein Rendezvous im Café um die Ecke ausmachen und ihr Gegenüber fragen: »Und was machen wir danach?«

Eine der typischen Fragen in der Midlife-Crisis ist: Will ich das, was ich tue, den Rest meines Lebens tun? Ist die erste Lebenshälfte geprägt vom Streben nach Erfolg, so verschieben sich die Schwerpunkte gesunderweise in der zweiten Lebenshälfte in Richtung Sinnerfüllung.

Die alten Griechen ließen erst über 50-Jährige in die Politik einsteigen, um sicherzugehen, dass die Person die vorausgegangenen Krisen positiv bewältigt hat. Dies ist eine Phase, in der man aufgrund seiner Lebenserfahrung richtig effektiv arbeiten könnte. Bei einem Leistungsvergleich zwischen erfahrenen, normal arbeitenden »Best-Agern« (50+) und Studienabgängern, die mit einer 50- bis 60-Stunden-Arbeitswoche klotzten, erwirtschafteten die Best-Ager die tragfähigeren Ergebnisse mit deutlich weniger Arbeitszeit. Diese Beobachtung steht übrigens dem »Jugendwahn« entgegen, von dem derzeit die Wirtschaft – insbesondere im Blick auf Personaleinstellung – geprägt ist. Die jungen Arbeitnehmer sind zwar im Durchschnitt seltener krank. Mehr Präsenz am Arbeitsplatz kann jedoch jahrzehntelange Berufserfahrung nicht wettmachen.

Die nächste Lebenskrise kommt um die 65. Hier lautet die Aufgabe loszulassen und sein Lebenswerk anderen zu übertragen. Es geht darum, das Altwerden als Chance zu entdecken und nicht aus Angst und Bequemlichkeit zu resignieren oder sich krampfhaft an alles Erreichte zu klammern. Vielerorts tun sich ehemalige Führungskräfte in diesem Alter zusammen, um jungen Unternehmern als Mentoren mit Rat und Tat zur Seite zu stehen. Dies ist eine große Chance, frei vom operativen Geschäft und meist auch von fi-

nanziellem Druck Großes zu bewegen. Viele bekannte Persönlichkeiten haben in dieser Phase ihr drittes Lebenswerk geschaffen. Ein Beispiel ist die Holländerin Corrie Ten Boom, die sich in ihren Siebzigern noch an Filmproduktionen über ihr Leben während des Nazi-Regimes wagte.

Es stehen im Alter wieder ganz neue Zeiträume für Beziehungen zur Verfügung. Etliche Führungskräfte beschreiben, was für prägende Persönlichkeiten die Großeltern für sie waren. Vielleicht wird Ihre Enkelin die erste Bundespräsidentin, in ihrem Denken und ihren Werten geprägt und bereichert durch Sie! Übrigens: Auch falls sie nicht Bundespräsidentin wird, sie ist die Investition wert! Das Alter ist eine wichtige Phase, um als Ratgeber, Mitdenker und Mitgestalter in der Gesellschaft tätig zu sein.

Entdecken Sie die Chance in der Krise

Die Chinesen haben kein eigenes Schriftzeichen für Krise. Das Zeichen, das sie hierfür verwenden, setzt sich aus zwei Zeichen zusammen, nämlich aus dem für Chance und dem für Problem.

Warum auch immer jemand sich in einer Krise befindet, sie hat immer beide Aspekte. Die oben beispielhaft beschriebenen entwicklungsbedingten Krisen sind für jeden Menschen unumgäng-

Das chinesische Zeichen für Krise

Das chinesische Zeichen für Problem

Das chinesische Zeichen für Chance

Krise – Problem – Chance

lich, so unterschiedlich sie sich auch gestalten mögen. Sie sind Teil der Entwicklungsaufgabe für Menschen, die reifen wollen.

Machen wir uns bewusst: Es gibt keine Abkürzungen. Ohne diese elementaren Krisen reifen wir nicht, unsere Persönlichkeit bleibt unterentwickelt. Eine Raupe spinnt sich in einen Kokon und muss sich nach der Verwandlung in einen Schmetterling zuerst in einem kräfteraubenden Prozess aus dieser Hülle befreien. Wer dem schlüpfenden Schmetterling bei dieser Aufgabe hilft, erweist ihm einen Bärendienst. Denn genau diese Kraftanstrengung ist es, die dem Insekt die Flugfähigkeit verleiht. Erst diese »Krise« bewirkt die volle Entfaltung der Flugorgane. Ein Schmetterling, der von fremder Hand aus dem Kokon geholt wurde, kann nicht in die Luft steigen, sondern geht am Boden jämmerlich zugrunde.

Der Mensch und seine Umwelt verändern sich. Dinge, die in einer Lebensphase wunderbar liefen, angemessen und richtig waren, erweisen sich auf einmal als nicht mehr tragfähig. Unsere Aufgabe ist es, eine persönliche konstruktive Antwort auf diese neue Situation zu finden. Warum auch immer Sie sich in einer Krise befinden,

»Halleluja!«

sie ist immer Herausforderung und Gefahr, doch zugleich auch eine Chance. Es mag zunächst wie eine Bedrohung wirken, aber es ist die Möglichkeit, Neues zu entdecken, sich weiterzuentwickeln, mündig zu werden und Verantwortung für eine veränderte Lebenssituation zu finden. Deshalb gibt es den tiefsinnigen Spruch: Wenn Gott dir ein Geschenk machen will, verpackt er es meist in eine Krise.

Firmen, die Unternehmenspreise gewinnen, kommen auffallenderweise zu zwei Dritteln aus derselben Branche. Wahrscheinlich vermuten Sie, dass es sich dabei um die Dienstleistungsbranche oder um Hightech-Firmen handelt. Weit gefehlt! Es sind die Automobilhersteller und ihre Zulieferer. Nirgendwo ist der globale Wettbewerb härter als auf diesem Sektor. Lieferanten sehen sich regelmäßig mit Preisreduzierungen konfrontiert. Wer nicht mitmacht, wird ersetzt. Solche Krisen führen zu Veränderung und in Folge bei vielen zu Spitzenleistungen.

Krisen sind eine spannende Zeit. Eine riesige Chance, aus eingefahrenen Verhaltensmustern auszusteigen und sich zu verbessern. Sie können diese Chance ergreifen, sie verdrängen oder dagegen rebellieren. Kennen Sie auch Menschen, die biologisch 50 Jahre alt sind, aber nie wirklich aufgehört haben, Teenager zu sein? Viele Menschen wehren sich krampfhaft gegen das Älterwerden (übrigens ohne Erfolg). Dabei hat jede Altersstufe ihre eigene Schönheit und Attraktivität. Für eine Gesellschaft ist es ein riesiger Gewinn, wenn sich jede Generation mit ihren Stärken und Begrenzungen in einem bewussten Miteinander das Leben gegenseitig bereichert.

Unter diesem Gesichtspunkt sollten wir übrigens auch den Übergang ins Rentenalter betrachten: nicht als das Abstellen des eigenen Lebens auf einen Parkplatz, sondern als Wechsel in eine Phase neuer Herausforderungen. Wie viele großartige Leistungen sind von Menschen jenseits der 65 erbracht worden! Die Meinungsforscherin Elisabeth Noelle-Neumann, selbst ein erstaunliches Beispiel für fruchtbares Schaffen im Alter, meinte in einem Interview: »Sagt doch den alten Menschen, dass sie nur glücklich sein werden, wenn sie so aktiv wie möglich sind. Zum Beispiel, indem sie der jungen Generation helfen, ohne Dank zu verlangen. Helft den jungen Leuten, selbst wenn sie undankbar sind. Darauf kommt's doch gar nicht an. Hauptsache, ich sehe, ich habe meinen Kindern geholfen.« Frau Noelle-Neumann hat im Rahmen ihrer Forschung immer wieder darauf hingewiesen, dass die Bewältigung von Herausforderungen einem Menschen neue Kraft gibt und dass dies eine Quelle von Glücksgefühlen darstellt. Das gilt für jede Lebensphase!

Jede Krise, die Sie nicht bewältigen, sondern nur verdrängen, ist nicht gelöst, sondern schlummert im besten Fall nur. Bei nächster Gelegenheit werden Sie wieder mit Ihren nicht erledigten, alten »Hausaufgaben« konfrontiert. Dann wird es meist schwerer, weil sie unter Umständen zusätzlich zur nächsten auch die unbewältigte alte Krise überwinden müssen.

Werden Sie reifer, nicht nur älter! Für Menschen, die auch charakterlich reifer werden, ist Älterwerden ein riesiger Gewinn an Lebensqualität und Lebensfreude. Menschen, die sich dem verweigern, versuchen in einem aussichtslosen Kampf eine Täuschung aufrechtzuerhalten, die letztendlich jeder durchschaut. Kennen Sie das Märchen *Des Kaisers neue Kleider?* Ein pfiffiger Schneider versucht hier, einen König und sein Volk zu überlisten. Pantomimisch kleidet er für teures Geld den König ein, in Wirklichkeit jedoch ohne Gewand. Der Trick: Er sagt, nur die Dummen könnten den Stoff nicht sehen. Aus Angst, blamiert dazustehen, loben König und Untertanen das neue Kleidungsstück. Der Schwindel fliegt erst auf, als sich ein Kind zu rufen traut: »Der König steht ja in Unterhosen da!«

Es gibt einige typische Fragestellungen, mit denen man in jeder dieser Krisen in unterschiedlichster Formulierung konfrontiert ist: Was habe ich eigentlich die ganzen letzten Jahre gemacht? Wer bin ich? Was kann ich? Was will ich die nächsten Jahre tun? Wie will ich weiterleben? Wie kann ich das umsetzen? Entscheidend dafür, dass Sie gereift aus solchen Krisen hervorgehen, ist, dass Sie diesen

Fragen nicht ausweichen. Finden Sie tragfähige Antworten, so haben Sie den Schlüssel für eine bessere Zukunft in der Hand.

Erster Schritt: Potenzial entdecken

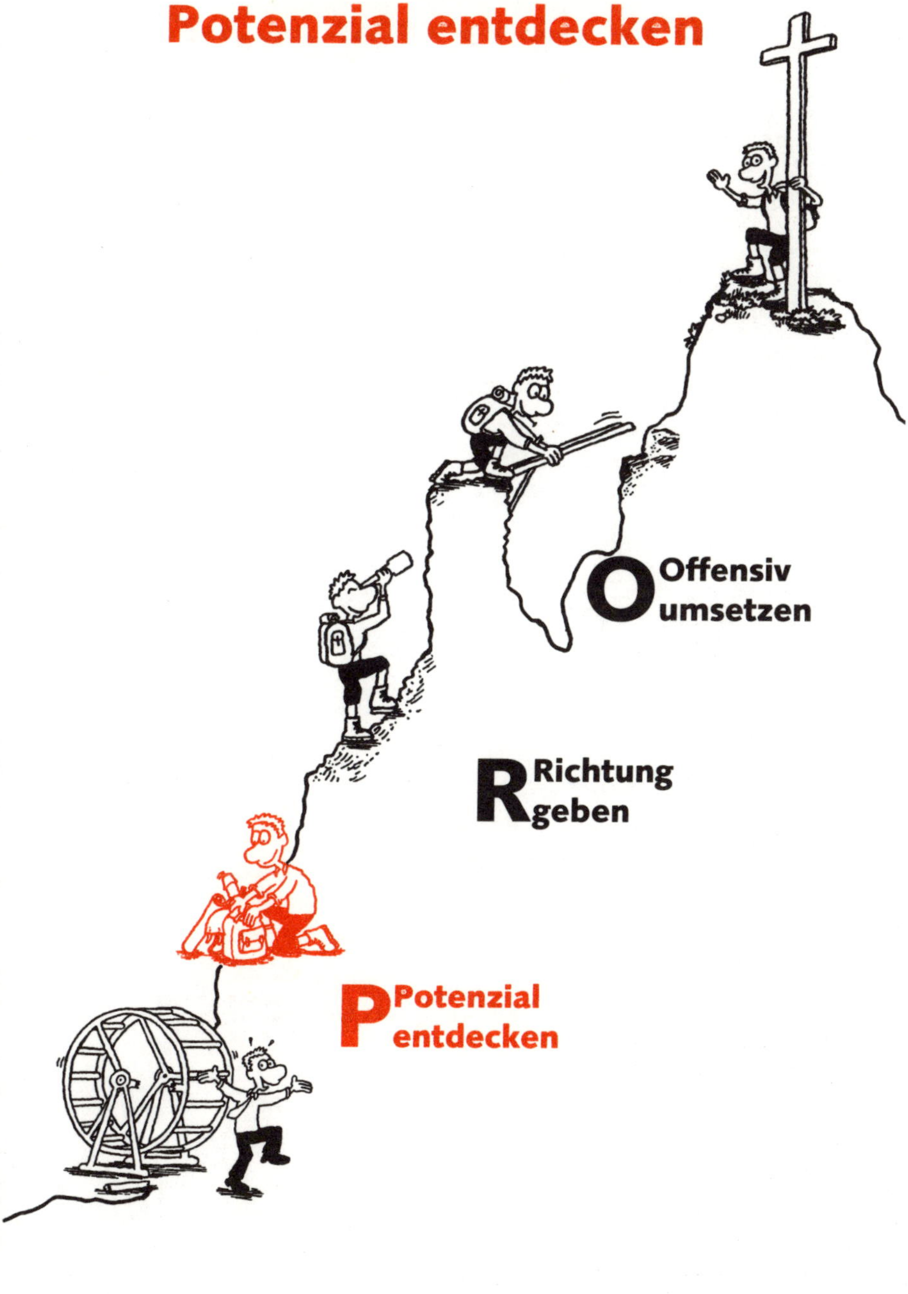

»Jeder Mensch wird als Original geboren. Viele sterben als Kopie.«

Anonymus

Ein geniales Kennzeichen der ganzen Schöpfung ist das so genannte Birnbaumprinzip. Sie erkennen jedes Blatt eines Birnbaums weltweit sofort an seiner Struktur – und doch ist jedes Birnbaumblatt einmalig auf dieser Welt. Dasselbe gilt für Sie: Sie sind einzigartig! Wir geben Ihnen im Folgenden ein Instrument an die Hand, um sich selbst und andere besser zu verstehen und daraus Ihr Leben zu gestalten. Sie werden merken: Trotz des Rasters lässt es unendlich viele Möglichkeiten, um bei aller Gemeinsamkeit Ihrer genialen Einzigartigkeit gerecht zu werden.

Die Unterschiedlichkeit in unserer Art, unserer Begabung und unserem Potenzial hat zugleich viel mit unseren Möglichkeiten zu tun, mit dem, was wir tun könnten und was nicht. Mein fünfjähriger Neffe erstaunte mich nach einer krebsbedingten Beinamputation mit der nüchternen Bemerkung, er könne ja jetzt wohl nicht mehr als Fußballprofi zu Bayern München. Der Knabe schaut sich nun nach einem neuen Beruf um.

Was ist mein Potenzial? Was kann ich? Wer bin ich? Was treibt mich an? Was fasziniert mich? Wofür lohnt es sich zu leben? Einige Faktoren scheinen aktuellen wissenschaftlichen Ergebnissen zufolge fest zu mir zu gehören, ja sogar angeboren zu sein. Andere haben zu tun mit meiner Erziehung, dem Umfeld, in dem ich aufgewachsen bin, meiner Lebensgeschichte. Wieder andere wachsen und formen sich ein Leben lang, sind selbst dem Wandel unterworfen.

In diesem Kapitel werden wir uns dieser Schatzsuche widmen. Was ist Ihr Potenzial? Sie werden feststellen: Es ist faszinierend, mehr über sich selbst herauszufinden. Sie verstehen auf einmal, warum das eine oder andere für Sie wichtig ist und zu Ihnen gehört. Zugleich wächst ein Bewusstsein für die Unterschiedlichkeit und somit auch für die Einzigartigkeit der Menschen. Unser Potenzial ist jedoch kein fatalistisches Element, das uns nur einen Weg offen lässt. Es ist gleichsam ein Fundament, auf dem wir weiterbauen können. Je aufmerksamer wir an der Untersuchung unseres Fundaments arbeiten, desto solider ist unsere Ausgangsbasis für die Zukunft. Was Sie dann aus diesem Fundament machen, bleibt Ihnen überlassen. Sie werden sehen: Nachdem Sie das Fundament kennen gelernt haben, entdecken Sie mehr Aufbaumöglichkeiten, als Sie erwartet hätten.

Zugegeben: Es liegt einiges an Arbeit vor Ihnen. Wir haben zahlreiche Workshops für Sie vorbereitet, um Ihrem Potenzial auf die Spur zu kommen. Alles ist so einfach wie möglich, aber so differenziert wie nötig gehalten. Sie sind eine komplexe Persönlichkeit, haben eine reiche Biografie und eine Fülle von Gaben! Das lässt sich nicht mit ein paar banalen Checklisten ergründen. Am liebsten würden wir Ihnen jetzt freundschaftlich auf die Schulter klopfen und sagen: Nur Mut! Lassen Sie sich ein auf diesen Prozess, weil er einen Schlüssel zur selbstbestimmten Zukunft darstellt. Wir kennen viele Menschen, die diese Schritte gegangen sind und eine Lebenstiefe und Lebensdichte erlangt haben, von der sie früher nur träumen konnten.

Sie haben Bedenken gegen diesen Prozess, weil Ihr Potenzial doch dynamisch ist und sich zudem noch weiterentwickelt? Genau deshalb ist es wichtig, sich *regelmäßig* (zum Beispiel jährlich) Zeit zu nehmen, um über das eigene Leben nachzudenken. Sie lernen dabei vor allem, auf eine bestimmte Art zu denken. Dieses Denken hilft Ihnen, immer weniger Spielball der äußeren Umstände zu sein, sondern Ihr Leben verantwortungsvoll zu reflektieren und zu gestalten, aufbauend auf Ihr Potenzial, Ihre Begabungen und Neigungen!

Regelmäßig aussteigen: der Dreamday

»Darüber muss ich erst mal in Ruhe nachdenken« – ein oft benutzter Satz und eine gute Idee, vor allem wenn es um so wichtige Dinge wie Ihr Leben geht. Reflektieren, Antworten finden und gute Entscheidungen treffen kann nicht auf Dauer zu tragfähigen Ergebnissen führen, wenn man das nur aus der Hektik des Alltags heraus tut. Wer sein Leben gestalten will, braucht immer wieder zumindest kleine Auszeiten.

Gerade deshalb hat sich ein neuer, sehr sinnvoller Trend entwickelt: So genannte Dreamdays in allen Variationen. Klassisch nennen manche dies ihre Klausur oder Klostertage. Das Wort Kloster kommt ja aus dem Lateinischen und bedeutet »abgeschieden vom Treiben der Welt«.

Etliche Führungskräfte nehmen sich regelmäßig die Zeit, um sich zurückzuziehen und aus dem Hamsterrad des Alltags auszusteigen. Es geht darum nachzudenken: Will ich das überhaupt tun, was ich gerade tue? Lebe ich in Balance mit mir, mit den Schlüsselbereichen meines Lebens (Partnerschaft, Familie, Finanzen, Gesundheit ...)? Ist mein Engagement überhaupt sinnvoll, oder ist es nur Getriebensein, reine Geschäftigkeit, fremdgesteuert von Wünschen, Erwartungen und Bedürfnissen anderer?

Sie haben folgende Möglichkeiten, dem Hamsterrad zu entkommen:

- Entweder Sie warten, bis das Hamsterrad durch Verschleiß oder Unfall zerbricht (zum Beispiel Herzinfarkt).
- Oder: Sie steigen aus!

Natürlich gibt es auch verantwortungslose Formen des Aussteigens, und eine gewisse Verletzungsgefahr ist ebenfalls gegeben. Aber denken Sie doch an die Verantwortungslosigkeit und die Folgen, wenn Sie das Hamsterrad immer weiter mit den eigenen Schritten antreiben.

Bei einer Umfrage bestätigten Führungskräfte, dass ihnen die meisten kreativen Ideen nicht während der dafür vorgesehenen Arbeitszeit (im Büro) kommen, sondern bei längeren Autofahrten, in der Badewanne, auf der Toilette, bei einem Konzertbesuch, in der Sauna ... Anscheinend ist die Zeit im Betrieb so voller Dinge, die vermitteln, jetzt sofort und selbst getan werden zu müssen, dass kaum Zeit für kreatives Arbeiten bleibt.

Prof. Dr. Birbaumer, Hirnforscher an der Universität Tübingen, bestätigt dies: »In unseren Untersuchungen zur Dynamik des menschlichen Gehirns bei produktiven geistigen Tätigkeiten konnten wir sozusagen empirisch bestätigen, dass die Wahrscheinlichkeit für das Auftreten neuer, überraschender Erkenntnisse und Einsichten dann am größten ist, wenn wir das menschliche Gehirn in Ruhe lassen; möglichst abgeschirmt von dem endlosen, die Aufmerksamkeit bindenden äußeren Reizstrom. Unser gegenwärtiger Weltzustand bietet das gegenteilige Bild, sein wesentliches Charakteristikum scheint im Aufdrängen überflüssiger Information zu bestehen.«

Genau diese Aufdringlichkeit überflüssiger Informationen ist es, der Sie sich widersetzen müssen. Unendlich vieles strömt auf Sie ein, flüstert oder brüllt, von besonderer Wichtigkeit zu sein! Das klingelnde Telefon, die Ankündigung einer TV-Sondersendung, endlose Meetings mit lauter »wichtigen« Leuten. Bedenken Sie: Vieles ist dringlich, aber deswegen noch lange nicht wirklich wich-

tig. Im Kapitel »Offensiv umsetzen« werden wir Ihnen einige Hilfestellungen zu diesem Thema geben. Hier sei schon festgehalten: Der Dringlichkeitsfalle entkommen Sie in der Regel nur, wenn Sie sich ein sinnvolles Maß an Auszeiten und Planungszeiten reservieren. Das spart übrigens unterm Strich sogar Zeit und sichert Qualität im Arbeits- und Privatleben. Ein Dreamday ist nicht Urlaub (obwohl es sich manchmal ähnlich anfühlt), sondern eine Zeit, die Sie sich regelmäßig nehmen, um Leben, Arbeit und Karriere zu überdenken.

Vieles spricht für solche regelmäßigen Auszeiten, sei es die »stille Stunde« im Büro, seien es Klostertage in der Nähe, ein paar Tage auf einer einsamen Berghütte oder in einem schönen Hotel. Einer unserer Seminarteilnehmer, ein Geschäftsmann, besucht regelmäßig ein schönes Café mit Blick über die Altstadt seines Heimatortes und hat dort einen Termin mit sich selbst. Diesen monatlichen Vormittag an seinem Stammplatz beschreibt er als seine wichtigste Arbeitszeit.

Überlegen Sie allerdings gut, wo Sie diese Zeit verbringen wollen. Geeignet sind Orte, die Sie nicht zu sehr ablenken, die Ruhe zum Nachdenken bieten und die Sie inspirieren. Schließlich geht es in diesen Stunden um die grundlegende Orientierung Ihres Lebens. Bleiben Sie auf keinen Fall zu Hause! Ihr Telefon, Ihre Post, Ihre Wäsche, Ihre Familie – vielleicht sogar Ihr Bett – werden Sie kraftvoll von der nötigen Konzentration abhalten. Gehen Sie auch nicht in den Keller. Inspirierende Orte liegen für die meisten Menschen oben: eine Berghütte, das Restaurant eines Fernsehturms, ein Aussichtspunkt. Das Gefühl, den Überblick zu haben, überträgt sich auf die Sicht des eigenen Lebens. Sie sehen über den nächsten Tag, die nächsten Wochen hinaus. Der Dreamday ist ein Tag, an dem Sie die Adlerperspektive einnehmen, Ihr Leben von oben betrachten.

Wie Sie solch einen Tag gestalten, wird sehr von Ihrem Stil abhängen. Es gibt keine Regeln, denn nur das Ergebnis zählt: dass Sie am Ende des Tages wissen, wo Ihre Lebensziele liegen und wie Sie Ihr Leben wieder auf den Kurs bringen, den Sie sich wünschen. Wir geben Ihnen im Folgenden ein *Beispiel,* wie einer unserer Dreamdays aussehen könnte. Die einzelnen Elemente, die darin erwähnt sind, werden in den nächsten Abschnitten erklärt.

7.30	Fußmarsch zur Schutzhütte auf den Hochberg
8.00	Distanz gewinnen, Unerledigtes notieren
8.30	Eigenes Potenzial betrachten
9.30	Betrachtung/Visualisierung meiner Lebensziele und meines Mission Statements Beschreiben/Überarbeiten zentraler Visionen
10.30	Überarbeiten von Workshops aus dem Buch *Dem Leben Richtung geben*
11.30	Für jede Lebensrolle (Abteilungsleiter, Ehemann, Vereinsvorsitzender etc.): – Fernziele und gegenwärtiges Engagement vergleichen; – Etappenziele für die nächsten Monate festlegen
14.00	Mittagessen im benachbarten Bergrestaurant, danach Rückmarsch

Es hat sich als hilfreich erwiesen, den Dreamday in ein wiederkehrendes Ritual zu packen. Wenn Sie einen inspirierenden Ort gefunden haben, lassen Sie den Dreamday immer nach demselben Schema ablaufen. Der eine erlebt diesen Tag in einem Café, trinkt zur Eröffnung einen Cappuccino und genehmigt sich zum Abschluss eine Schwarzwälder Kirschtorte. Eine andere fühlt sich am wohlsten in der Umgebung vieler Menschen und verbringt die Zeit von 10 bis 15 Uhr in einer Schnellimbisskette. Andere eröffnen die Zeit des Nachdenkens an einem ruhigen Ort mit dem Lesen eines inspirierenden Abschnitts aus der Bibel und beschließen ihren Dreamday mit einem Gebet. Alles dient nur dem einen Ziel, Ihr Leben wieder nach Ihrem Kompass auszurichten und nicht an den Dingen vorbeizuleben, die Ihnen wirklich wichtig sind.

Stephen Covey beschreibt in einem Buch Waldarbeiter, die fleißig ohne Unterbrechung sägen, um die Arbeit möglichst schnell zu Ende zu bringen. Sie werden jedoch überflügelt von denen, die sich regelmäßig Zeit nehmen, die Säge zu schärfen. Wir empfehlen Ihnen, jedes Jahr mindestens zwei Tage für solch eine Auszeit zu verwenden, um »die Säge zu schärfen«. Das Raster dieses Buches eignet sich hervorragend als roter Faden für solche Orientierungstage.

Die nächsten Schritte

Machen Sie sich bewusst: Sie sind ein Original! Ein frecher Zeitgenosse meinte einmal: Alle Menschen werden als Originale geboren, die meisten sterben jedoch als Kopie. Ihnen soll es nicht so gehen!

Wir haben die Schatzsuche nach unserem Potenzial in folgende Schritte aufgeteilt:

Was liegt hinter mir?

- meine Geschichte verstehen
- prägende Impulse entdecken
- Lebensblockaden überwinden

Was steckt in mir?

- Fähigkeiten erkennen, die Spaß machen
- meine Persönlichkeitsstruktur verstehen
- »Wert-voll« leben

Im nächsten Kapitel geht dann der Blick mit Ihrem Potenzial in Richtung Zukunft.

»Damit es gerecht zugeht, erhalten Sie alle die gleiche Prüfungsaufgabe: Klettern Sie auf diesen Baum!«

Die Geschichte vor Ihrer Geschichte

Typisch für Krisensituationen ist die Fragestellung: Was habe ich die vergangenen Jahre alles gemacht? Habe ich meine Zeit gut eingesetzt? Wenn Sie sich mit der Frage Ihres Potenzials auseinander setzen, spielt Ihre Geschichte immer wieder eine entscheidende Rolle. Doch wo beginnt diese Geschichte? In Zentraleuropa fängt die Antwort auf diese Frage meistens an mit einer Formulierung folgender Art: Ich wurde am 17. Mai 1963 in Stuttgart geboren ... Es gibt einige Kulturen, in denen erhält man auf diese Frage eine ganz andere Antwort: Ich bin der Sohn von Charles und Diana Hinterhuber. Mein Vater ist Ingenieur, meine Mutter Familienfrau, die bis zu meiner Geburt als Architektin gearbeitet hat. Merken Sie den Unterschied?

Was vorher kam

Es gibt eine jüdische Familie, welche die Geschichte ihrer Vorfahren 2 000 Jahre zurückverfolgen kann. Die Urahnen dieser Familie waren jüdische Schreiber, sie schrieben die Geschichte ihres Volkes auf Papyrusrollen. Diese Kulturtechnik wurde von Generation zu Generation weitergegeben, bis ins Mittelalter. In dieser Zeit lebte ein Nachfahre, der mit dem Begründer der Buchdruckkunst, Johannes Gutenberg, zusammenarbeitete. Er verwandte sein gesamtes Leben darauf, die Zusammenhänge der Buchdruckkunst zu verstehen. Wiederum ein Nachkömmling, der das gesamte Wissen von seinen Eltern ererbt hatte, druckte dann in Norditalien die erste Ausgabe des Buches Jesaja. Bis heute ist diese Familie eine Sippe von Schreibern und Schriftstellern.

Es ist faszinierend zu sehen, wie ein Talent über Jahrhunderte weitergegeben wird und sich weiterentwickelt. Umso erschreckender ist es, dass wir in Zentraleuropa unser Bewusstsein für familiäre und geschichtliche Wurzeln verloren zu haben scheinen. Über neueste Erkenntnisse im Bereich Genforschung wird uns wieder bewusst, wie viel an Erbmaterial wir von unseren Eltern mitbekommen haben. Zum Glück ist nicht alles bis ins Detail festgelegt, aber unsere Herkunft ist schon eine wesentliche Prägung und zugleich ein Pfund, mit dem wir wuchern können.

Stellen Sie sich vor, Sie sind ein Schreinermeister mit einer eigenen Schreinerei. Sie müssen einen neuen Auszubildenden einstellen. Es gibt zwei Bewerber. Sie sind in allen Bereichen gleich gut

geeignet, unterscheiden sich jedoch in einem Punkt: Der eine ist Sohn eines Schreinermeisters, der andere Sohn eines Metzgermeisters. Welchen von den beiden würden Sie nun einstellen, wenn Sie schnellstmöglich einen qualifizierten Mitarbeiter brauchen? Natürlich den Sohn des Schreinermeisters. Dieser hat von klein auf mitbekommen, wie das Schreinergeschäft funktioniert. Er weiß, worauf es ankommt, hat mit hoher Wahrscheinlichkeit schon als Kind mit Werkstoffen experimentiert, hat Leim gerochen, über gehobeltes Holz gestrichen und bei verschiedenen Gelegenheiten dem Vater über die Schulter geschaut. Er hat gelernt, wie ein Schreiner zu denken und kennt diese Welt dementsprechend besser.

Allzu oft vergessen wir das positive Erbe, das uns über unsere Eltern mitgegeben ist. War Ihr Vater ein solider Heimwerker, der sehr gut mit allerlei Maschinen umgehen konnte, so haben Sie etliche seiner Fähigkeiten wahrscheinlich unbewusst in Ihr Repertoire aufgenommen. Meine Mutter liebte es, vor irgendwelchen Festen die ganze Wohnung zu dekorieren. Der Raum war geschmückt. Der Tisch war festlich gedeckt. Blumen und Kerzen spielten eine entscheidende Rolle. Ich merke: Wenn wir heute in der Firma oder in der Familie ein Fest feiern, mache ich mich unwillkürlich ans Dekorieren. Und raten Sie mal, was meine Kinder tun? An Sonn- und Feiertagen schmücken Sie unseren Esstisch. Am beliebtesten sind Gummibärchen als Verzierung.

Was ist Ihr familiäres Erbe? Was war Ihr Vater von Beruf? Was konnte Ihre Mutter gut? War sie beliebt, etwa eine gute Schauspielerin in der Theatergruppe am Ort? War sie musikalisch, im Kirchenchor aktiv? Bewegte sie sich gerne unter Menschen?

Vielen fällt das Antworten wesentlich leichter, wenn man sie nach den negativen Eigenschaften ihrer Eltern fragt. Bei Seminaren brüten immer wieder Teilnehmer ratlos über diesem Workshop, weil ihnen die Fragestellung überhaupt nicht geläufig ist. Hier empfehlen wir einen kleinen Umweg. Wenn Ihnen nur negative Dinge in den Sinn kommen, listen Sie diese doch einfach auf einem separaten

Blatt auf. Viele negative Dinge sind die Kehrseite positiver Begabungen. Sparsamkeit und Geiz etwa sind solche zusammenhängenden Charaktereigenschaften. Geiz kann ein unreifer Umgang mit Sparsamkeit sein. Ähnlich verhält es sich mit Geschwätzigkeit und Leutseligkeit, verschwenderischem Umgang mit Dingen und Großzügigkeit, Leichtsinn und Mut, Sturheit und Zähigkeit ...

Bei einer Beratung saß mir einmal ein Maschinenbauingenieur gegenüber. Als wir auf diesen Punkt zu sprechen kamen, meinte er, er sei der erste Mensch, auf den diese Dynamik nicht zuträfe. Dies sehe man schon daran, dass sein Vater Landwirt sei, er jedoch Maschinenbauingenieur mit Leitungsaufgaben. Auf die Frage, wie er denn auf seinen Beruf gekommen wäre, erklärte er, er habe immer schon gerne an Maschinen gebastelt. Schon als Teenager habe er sie in alle Einzelteile zerlegt und wieder zusammengebaut. Woher er denn das viele Selbstvertrauen besessen habe, sich Derartiges zuzutrauen, wollte ich wissen. Er wurde schweigsam. Nach einiger Zeit sagte er mit leiser Stimme: »Von klein auf beobachtete ich meinen Vater, wie er Jahr für Jahr seinen Traktor in alle Einzelteile zerlegte, reinigte und wieder zusammenbaute. Er meinte damals zu mir, das müsste man machen ...«

Das eigene familiäre Erbe ist nicht immer leicht zu entdecken. Doch das Erstaunliche ist: Seine Dynamik wirkt trotzdem, im Positiven wie im Negativen. Der Volksmund sagt: »Der Apfel fällt nicht weit vom Stamm.« Was ist Ihr familiäres Erbe? Die Geschichte vor Ihrer Geschichte?

Workshop: Familiäres Erbe

Tragen Sie in die folgende Tabelle ein, welche Begabungen und Fähigkeiten es in Ihrer Familie gab oder gibt. Was konnten Ihr Großvater, Ihre Großmutter besonders gut? Was zeichnet Ihre Mutter, Ihren Vater besonders aus?

	Bestimmte Fähigkeiten, Begabungen, Persönlichkeitsmerkmale usw.
Großvater väterlicherseits	
Großmutter väterlicherseits	
Großvater mütterlicherseits	
Großmutter mütterlicherseits	
Vater	
Mutter	
Onkel	
Tante	
Geschwister	

Beispiele:

1. Fähigkeiten und Begabungen
- musikalisch
- sportlich
- mathematisch
- sprachlich
- usw.

2. Persönlichkeitsmerkmale
- humorvoll
- extrovertiert
- intuitiv
- liebevoll
- wissbegierig
- leicht reizbar
- usw.

3. Körperbau
- groß, schlank
- Augenfarbe
- usw.

4. Bedürfnisse
- Schlaf
- Vorlieben (z. B. Essen, Farben, Kleidung)
- usw.

5. Interessen, Hobbys
- Lesen
- Tiere/Natur
- Reisen
- Ausgehen
- Garten
- Tanzen

Was davon erkenne ich bei mir selbst wieder?

____

____

____

Meine Lebensgeschichte

Warum wird man bei einer Bewerbung eigentlich nach seinem Lebenslauf gefragt? Nun, der künftige Arbeitgeber will wissen, was der Bewerber gelernt hat, wo er sich bewährt hat, wo er Verantwortung übernommen hat. Wer seinen Lebenslauf einmal umfassend darstellt, dürfte fasziniert sein von der Vielfalt an Erfahrungen und Lernfeldern. Wenn Sie die vergangenen Jahre nicht gerade in Lethargie verbracht haben, sind Sie ständig Neuem begegnet. Manches gehört wieder aufgefrischt – etwa der Erste-Hilfe-Kurs, den

Sie vor der Führerscheinprüfung absolvieren mussten. Der Lebenslauf verrät, wo in Ihrer Biografie bislang die Schwerpunkte lagen. Selbst wenn Sie künftig alles anders machen wollen, wäre es unklug, die Vergangenheit zu ignorieren.

Workshop: Bestandsaufnahme

Während es bei der vorausgegangenen Familienanalyse mehr auf die objektiven Umstände ankam, aus denen Sie stammen, stellen wir Ihnen im Folgenden eher subjektive Fragen – etwa danach, wie Sie Ihr Elternhaus beurteilen oder in wessen Gesellschaft Sie sich wohl fühlen. Lernen Sie sich selbst besser kennen; vielleicht erleben Sie dabei ein paar Überraschungen!

1. Was war mein erstes Erfolgserlebnis in der Kindheit, an das ich mich konkret erinnern kann?

   ____

   ____

   ____

2. Wie betrachte bzw. beurteile ich mein Elternhaus und meine Erziehung?

   ____

   ____

   ____

3. Das wievielte Kind in der Familie war ich, und welche Wirkung hatte das auf mich?

   ____

   ____

   ____

4. Wer von beiden Eltern dominierte und welchen Einfluss hatte das auf mein Leben?

___

___

___

Was ist mir davon besonders in Erinnerung?

___

___

___

5. Wie war meine Familie insgesamt? Harmonisch, disharmonisch, gab es einen gewissen Zusammenhalt?

___

___

___

6. Welchen Einfluss hatten mein Heimatort und meine Heimatregion auf mein Leben?

___

___

___

Was liebte ich daran? Was störte mich?

___

___

___

Welche Gründe gab es eventuell, meine Heimatregion zu verlassen?

___

___

___

7. In welchem Glauben wurde ich erzogen und was bedeutet mir das heute?

___

___

___

8. Welche kulturellen Faktoren spielten bisher in meinem Leben eine Rolle? Wie groß ist mein Interesse für Musik und Kunst?

___

___

___

9. Welche Persönlichkeiten aus Wirtschaft, Politik, Kultur, Sport und anderen Bereichen schätze ich besonders und warum?

___

___

___

Welchen Einfluss hatten oder haben diese Persönlichkeiten auf meine Entwicklung und Entscheidungen?

___

___

___

Sie können und dürfen nicht ignorieren, wie Sie von Ihrer eigenen Geschichte geprägt sind. Es gab Höhen und Tiefen, Aufbauendes und Dinge, mit denen Sie heute noch kämpfen. Im Laufe Ihres Lebens haben Sie viele wichtige Kompetenzen erworben und eine Fülle von Erfahrungen angesammelt. Dies kommt in Ihrem Lebenslauf zum Ausdruck. Haben Sie ihn schon einmal aus der Sicht Ihres Potenzials betrachtet? Es ist doch erstaunlich, was Sie in Ihrem Leben alles gelernt haben – von der englischen Sprache über Ihren Konfirmationsspruch und Ihren Schulabschluss bis hin zum

Blumenstecken oder Heimwerken mit der Kreissäge. Die einen haben Buchhaltung gelernt, andere in einem Wochenendseminar Grundlagen der Emotionalen Intelligenz kennen gelernt. Auch Ihre Lernliste ist vermutlich länger, als Sie ahnen.

Im nächsten Workshop nehmen wir einen Perspektivwechsel vor. Sie betrachten Ihren Werdegang nicht im Rückspiegel, sondern Sie schauen gleichsam von oben auf Ihr Leben.

Workshop: Meine Lebensentwicklung

Auf der Skala auf Seite 80 finden Sie einen Zahlenstrahl, an dem das Alter eingetragen ist. Nach oben und nach unten finden Sie von »– 6« bis »+6« die Möglichkeit, Ihr Lebensgefühl in dem jeweiligen Alter zu beschreiben. »–6« steht für »mir ging es extrem schlecht« und »+6« für »spitzenmäßig, das war eine gute Zeit«. Zeichnen Sie eine Kurve, die Ihr Lebensgefühl in einem bestimmten Alter beschreibt! Fragen Sie sich dazu:

- Wie ist mein Leben bisher verlaufen?
- Wo gab es Wendepunkte in meinem Leben?
- In welche Richtung bewege ich mich zurzeit?

Beim Eintragen Ihrer Lebenskurve haben Sie folgende Möglichkeiten:

- Sie können eine allgemeine Lebenskurve malen, die Ihr gesamtes Leben auf einmal abbildet.
- Falls es Ihnen jedoch aussagekräftiger erscheint: Zeichnen Sie zwei Kurven, eine für Ihr persönliches Lebensgefühl und eine andersfarbige Kurve für Ihre berufliche Entwicklung (Karriere), beginnend mit Kindergarten und Grundschule.
- Nachdem Sie Ihre Kurven gezeichnet haben, schreiben Sie in kurzen Stichpunkten daneben, was Sie in den jeweiligen Situationen motiviert oder demotiviert hat.

Lebensperioden

Wie bereits in der Einleitung erwähnt, gehen wir in unserem Leben durch verschiedene Phasen und Krisen. Das Leben bewegt sich keineswegs ähnlich einer Gauß'schen Verteilungskurve stetig auf einen Höhepunkt zu, von dem an es dann nur noch bergab geht, bis schließlich mit dem Tod das natürliche Ende erreicht ist. Dies ist weder das Normale noch ein Automatismus. Es gibt ebenso sehr glückliche und erfolgreiche Senioren wie auch verzweifelte und unzufriedene Teenager oder Mittvierziger. Es kommt darauf an, was Sie daraus machen!

Lassen Sie uns annehmen, das Leben vollziehe sich in Sieben-Jahres-Rhythmen (wir nennen sie Perioden). Die Zahl Sieben ist keineswegs zufällig gewählt. Sie spielte in der Geschichte der Menschheit immer schon eine wichtige Rolle: So ist bereits in der Bibel an zahlreichen Stellen von dieser symbolträchtigen Zahl die Rede (zum Beispiel die sieben Tage der Schöpfung), und auch in Literatur und Geschichte finden wir sie auffällig häufig. Schneewittchen ist mit acht Zwergen ebenso undenkbar wie eine Liste von nur sechs Weltwundern.

Schauen Sie Ihr Leben an. Im Alter von 6 bis 7 Jahren kamen Sie in die Schule. Mit 14 Jahren wurden Sie konfirmiert oder gefirmt, in Ostdeutschland gingen Sie zur Jugendweihe. Mit Anfang Zwanzig haben Sie die schulische Ausbildung und den Militär- oder Zivildienst beendet oder die mittlere Reife und eine Berufsausbildung hinter sich. Mit 28 haben die meisten Studenten ihr Hochschulstudium beendet. Mit 35 steht man mitten im Berufsleben, mit 42 beginnt bei vielen die so genannte Midlife-Crisis, mit Mitte Sechzig hat man das Rentenalter erreicht und so weiter ... Denken Sie selbst mal darüber nach, an wie vielen Stellen Ihr eigenes Leben diesem Rhythmus gehorchte.

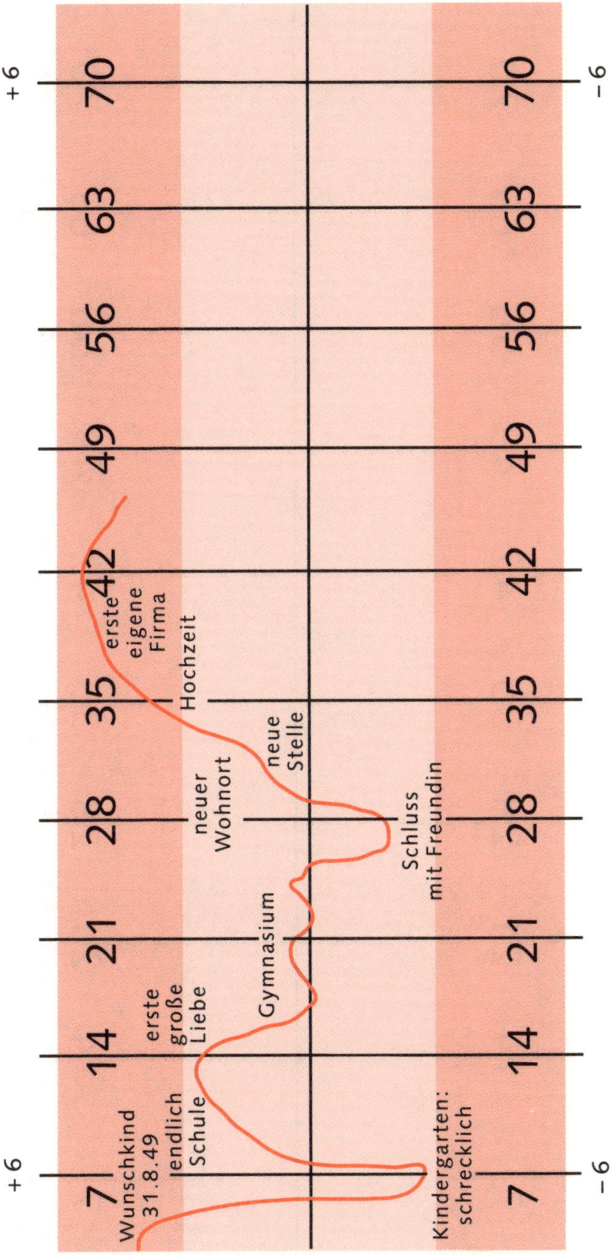
+ 6
– 6
7
14
21
28
35
42
49
56
63
70
Wunschkind 31.8.49
endlich Schule
erste große Liebe
Gymnasium
neuer Wohnort
neue Stelle
Hochzeit
erste eigene Firma
Kindergarten: schrecklich
Schluss mit Freundin

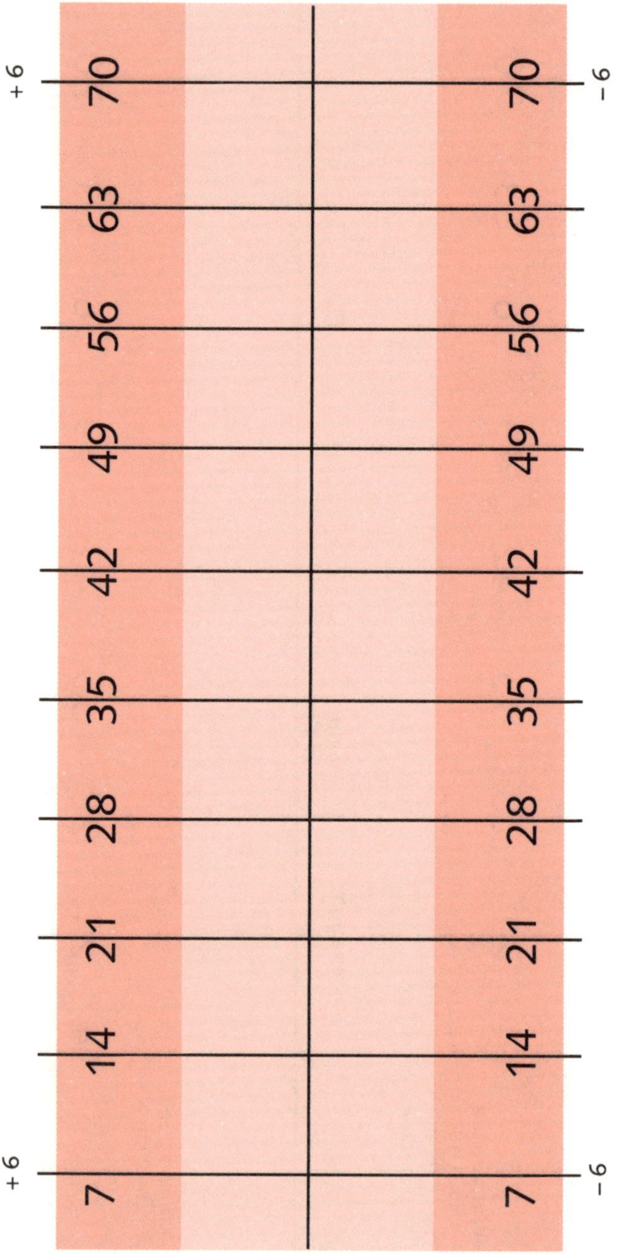
+6
+6
–6
–6
7
14
21
28
35
42
49
56
63
70
7
14
21
28
35
42
49
56
63
70

Workshop: Zurückliegende Lebensperioden

Bei diesem Workshop sehen Sie wieder eine Linie, die das jeweilige Alter symbolisiert, allerdings mit senkrechten Strichen in Sieben-Jahres-Einheiten unterteilt. Wir laden Sie nun zu der herausfordernden Aufgabe ein, jedem Ihrer bisherigen Lebensabschnitte einen Namen zu geben. Ein Beispiel sehen Sie unter Ihrer Skala auf Seite 82.

Für die länger zurückliegenden Zeiträume ist diese Aufgabe noch leicht zu lösen, aber je mehr Sie sich der für Sie aktuellen Periode nähern oder diese überschreiten, desto schwieriger wird es, sich etwas Konkretes für diesen Abschnitt vorzustellen. Versuchen Sie es dennoch. Sollte es Ihnen nicht gelingen, alle Perioden mit sinnvollen Inhalten zu füllen, so haben Sie damit bereits die wichtige Erkenntnis gewonnen, dass es für Sie dringend notwendig wird, über diesen unklaren Abschnitt Ihres Lebens näher nachzudenken. Lassen Sie in diesem Fall die betroffenen Abschnitte auf Ihrer Lebenslinie einfach offen, und schauen Sie, ob Sie sie nicht nach der Lektüre der restlichen Kapitel dieses Buches mit Leben füllen können!

Markieren Sie zunächst, wo Sie heute stehen. Geben Sie dann jeder der zurückliegenden Perioden einen Namen. Überlegen Sie: Welche der Perioden hat Ihnen am besten gefallen? Und was wollen Sie in den nächsten sieben Jahren erreichen?

Mein Ausbildungsweg

Wenn ich als Vater die Entwicklung meiner Kinder miterlebe, wird mir immer wieder bewusst, was ich selbst eigentlich in meinem Leben schon alles gelernt habe, angefangen in der Grundschule mit Handarbeiten über einen Rock-'n'-Roll-Kurs im Gymnasium bis zu Business English an der Uni. Was haben Sie alles im Lauf Ihres Lebens gelernt, welche Kurse besucht und was für Fortbildungen

0–7	7–14	14–21	21–28	28–35	35–42	42–49	49–56	56–63	63–70 Jahre

Beispiel eines 35-jährigen Mannes

0–7	7–14	14–21	21–28	28–35	35–42	42–49	49–56	56–63	63–70 Jahre
glückliche Kindheit	heraus-fordernde Schulzeit	»Mädels, Mofas und Moneten«	Fleißiger Student, heiratet typische Studentin	Will-kommen im wirklichen Arbeits-leben!					

absolviert? Was hat Sie damals daran fasziniert? Auch Ihr Ausbildungsweg ist ein wichtiger Puzzlestein Ihres Potenzials.

Workshop: Mein Ausbildungsweg

Zunächst wieder ein Beispiel:

Datum	Bildungsmaßnahmen	Erworbene Kompetenzen/ Abschluss/Titel	Bemerkung
1950–1954	Grundschule		
1954–1964	Gymnasium Theatergruppe	Abitur Hobby-Regisseur	
1965–1968	Banklehre		Banker
1968–1969	Ersatzdienst		
–1970	Ausbildung zum ehrenamtlichen Mitarbeiter in Gemeinden	Grundwissen	Chorleiter

Nun füllen Sie bitte die folgende Tabelle aus, um sich über Ihren Ausbildungsweg bewusst zu werden:

Datum	Bildungsmaßnahmen	Erworbene Kompetenzen/ Abschluss/Titel	Bemerkung

Bücher, Menschen, Kinofilme

Sie sind in Ihrem Leben von einer Vielzahl von Dingen geprägt worden, im Guten wie im Schlechten. Diese Dinge sind wichtige Einflussfaktoren, die zu Ihrer Einmaligkeit mit beitragen. Manche haben Sie ausgewählt, weil sie typisch für Sie sind, andere sind ungebeten in Ihre Biografie getreten, haben aber deutliche Spuren hinterlassen. Wenn es um das Thema »Berufung« geht, werden prägende Impulse oft zum Schwerpunkt der Recherche erklärt, um Schlüsse für die Zukunft daraus zu ziehen. Das ist ein wichtiger Puzzlestein (wenn auch nicht der einzige). Was hat Sie in Ihrem Leben besonders fasziniert und bewegt?

Bücher

Was haben Sie als Kind gerne gelesen? Was hat Sie an diesen Büchern besonders angesprochen? Von fünf Menschen, die ein Buch lesen, bewegt jeden etwas anderes. Wir Menschen sind sehr unterschiedlich, dies äußert sich ganz auffällig in unserer Lektüre. Während einer meiner Söhne stundenlang über Sachbüchern brütet, ist der andere fasziniert von einem Hochleistungsteam, das gemeinsam die schwierigsten Kriminalfälle löst (natürlich die *Fünf Freunde*).

Wieder andere blühen auf bei Comics mit Sprechblasen. Das vielfach variierte Sprichwort ist nur wenig übertrieben: Zeige mir deine Bücher, und ich sage dir, wer du bist.

Welche Bücher haben Sie gelesen? Wie hat das Ihr Denken beeinflusst? Hier ist natürlich nicht jede Pflichtlektüre des Deutschunterrichts gemeint – es sei denn, diese hätte Sie besonders geprägt.

Filme

Uns faszinieren auch die unterschiedlichsten Filme. Der eine wartet sehnsüchtig auf die nächste *Krieg-der-Sterne*-Episode, während andere Filme lieben, in denen ein heldenhafter amerikanischer Präsident alleine die ganze Menschheit rettet oder ein Liebespaar modern-romantisch durch Irrungen und Wirrungen hindurch zueinander findet.

Worte, Reden, Impulse

An welche Predigten, Ansprachen, Gespräche erinnern Sie sich? Eine der einflussreichsten Predigerinnen in meinem Leben war meine Mutter, die mit uns nicht nur die Sonntagspredigten des Pfarrers reflektierte, sondern im Alltag meinen Weg so begleitete, dass ich leichter die richtige Richtung fand. Ich erinnere mich, als Teenager eine Predigt in der Kirche über die biblische Geschichte vom guten Vater gehört zu haben, und merke, dass mich diese Geschichte zusammen mit einem Buch von Henry Nouwen sehr geprägt hat. Eine andere Person, von deren Ansprachen und Impulsen ich sehr profitiere, ist mein geliebter Ehepartner. Niemand predigt mit so einer großen Sachkenntnis so persönlich für mich.

Andere wurden stark von Biografien angesprochen und fragen sich noch heute insgeheim, wie die berühmte Person xy in einer persönlich erlebten Situation reagieren würde. Welche Reden, Ansprachen, Vorträge von Professoren oder Zeitgenossen haben Ihr Leben zumindest phasenweise beeinflusst?

Tag- und Nachtträume

Für manche sind auch Tag- und Nachtträume eine wichtige Quelle der Inspiration geworden. An welche davon erinnern Sie sich? So unterschiedlich wir Menschen sind, so unterschiedlich sind auch die uns prägenden Impulse. Träume spielen für manche Menschen eine ganz zentrale Rolle. Gibt es Träume, deren Wirkung so stark war, dass Sie sich heute noch daran erinnern?

Nöte

Ein weiterer wesentlicher Faktor ist, dass uns manchmal Nöte, denen wir begegnen, ganz besonders ansprechen. Ein Beispiel: Ein wohlhabender Geschäftsmann suchte einen Berater auf. Er hatte bereits viel Geld für alle möglichen Therapien bezahlt, war aber sein Problem nicht losgeworden: Sobald er Fotografien, Fernsehberichte, Werbeplakate von Kindern in Not sah, sprach ihn dies seiner Meinung nach »überdimensional« an. Immer wieder kamen ihm dabei sogar die Tränen. »Sehr unpassend«, wie er es selbst bezeichnete. Oft war er mit Geschäftspartnern unterwegs, sah so ein Plakat und war emotional tief erschüttert. Sein erster Lösungsversuch bestand darin, dieses Gefühl zu verdrängen. Es half nichts. Der zweite Versuch war, mit einem Psychiater seine eigene Kindheit aufzuarbeiten. Er erlebte viel positive Veränderung, aber nicht in dem Bereich, der Anlass für seinen Besuch war. In dieser Suche stieß er schließlich auf einen Berater, der meinte, ob diese Not etwas mit seiner Berufung zu tun haben könnte.

Man ließ es auf einen Versuch ankommen. Der »Patient« flog für zwei Wochen in die Dritte Welt, um Ordensschwestern bei der Ausgabe von Suppe an Straßenkinder zu helfen. Nach seiner Rückreise verkündete der ehemals leidenschaftliche Geschäftsmann seiner erschrockenen Familie und Firma, er habe nun endlich seine Berufung gefunden, werde alles verkaufen und diesen Menschen in Not helfen. Wieder wurde der Berater zu Hilfe gerufen, diesmal von anderer Seite. Bei der nüchternen Suche nach einem Nachfolger in der Firma fand sich keine wirkliche Alternative. Seine Familie fand das Anliegen prinzipiell gut, konnte sich jedoch unmöglich vorstellen, in ein anderes Land zu ziehen.

Nach langem Ringen wurde schließlich ein guter Kompromiss gefunden. Drei Wochen im Monat arbeitet der Mann jetzt in seiner Firma mit einem hoch motivierten Team, und ein Großteil des Gewinns fließt in Hilfseinrichtungen für bedürftige Kinder. Im Schnitt eine Woche pro Monat fliegt er in andere Länder, um mit diesem Geld Hilfsprojekte für chancenlose Kinder aufzubauen. Die Frage, die den Geschäftsmann gequält hat, stellen wir hier auch Ihnen: Gibt es Nöte, die Ihnen ein großes Anliegen sind? Krebskranke Kinder, artgerechte Tierhaltung, Frauenrechte ...? Wo verspüren Sie immer wieder den Impuls, sich zu engagieren?

Ein kleiner Hinweis sei noch gestattet. Die Liste auf Seite 90, die Sie mit Ihren prägenden Impulsen füllen sollen, erhebt keinen Anspruch auf Vollständigkeit. Deswegen die beiden leeren Kategorien, die mit Dingen zu füllen sind, die Ihnen wichtige Impulse für Ihr Leben geben. Für manche sind es Weisheitssprüche, für andere Bibelverse. Wieder ein anderer sammelt hier »prophetische Worte«, Äußerungen anderer Menschen, die ihn ganz tief im Hinblick auf seine zukünftige Lebensgestaltung betroffen machen.

Workshop: Prägende Impulse

Die unten stehende Tabelle listet Bücher, Filme, Reden und Ansprachen, Menschen und Träume auf. Natürlich können Sie sie jederzeit um Bereiche ergänzen, die Ihnen besonders wichtig sind. Ein Tipp: Falls es Ihnen vom Arbeitsstil her liegt, listen Sie zunächst einmal die Dinge auf, die Ihnen einfallen, und analysieren Sie später das Was und Warum. Auch hier möchten wir Ihnen wieder ein Beispiel geben:

Art	Titel/Autoren	Was hat Sie besonders beeindruckt?
Bücher	Karl May	Ein Mann, der in verfeindeter Gruppe Freunde findet, vermittelt, Brücken baut zwischen Kulturen (Winnetou).
	Tom Peters	Management kann spannend sein!
Filme	In Sachen Henry	Neu anfangen, raus aus dem Mist
Reden, Ansprachen	Martin L. King »I have a dream«	Kämpfen und Sterben für einen Traum und Gerechtigkeit. Von Veränderung träumen und dafür einstehen.
Menschen, Begegnungen	Don Bosco	Von null etwas aufbauen.
Träume	Ich träumte, ich sei Kapitän des »Traumschiffs«	Als Chef Menschen glücklich machen in einer inspirierenden Umgebung.

Art	Titel/Autoren	Was hat Sie besonders beeindruckt?
Bücher		
Filme		
Reden, Ansprachen		
Menschen, Begegnungen		
Träume		

Lebensqualität durch Vergebung

Gerade wenn man sich so eingehend mit der Vergangenheit beschäftigt, beschleicht einen bei der einen oder anderen Erinnerung ein seltsames Gefühl. Was würden Sie sagen, wenn Ihnen ein früherer Kollege auf der Straße begegnet? Würden Sie die Straßenseite wechseln?

Schleppen Sie keine unnötigen Altlasten mit sich herum. Zu einer guten Beziehung gehören natürlich immer zwei, aber haben Sie von Ihrer Seite aus alles getan, um eine kritische Situation versöhnlich abschließen zu können? Eines der verbreitetsten Gebete der Welt, das Vaterunser, erinnert uns, unseren Schuldnern zu vergeben – genauso, wie wir Vergebung für so manches Fehlverhalten in unserem Leben brauchen. Dies wird sicher nicht automatisch zu einer Versöhnung führen. Dazu gehören immer zwei. Aber was ist Ihr Part?

Ihr Vater hat Ihnen seit 20 Jahren nicht zum Geburtstag gratuliert. Belasten Sie sich nicht mit Dingen, die zu groß und zu schwer sind und die Lebensqualität unnötig beeinträchtigen. Schreiben Sie ihm ein schönes Kärtchen, in dem Sie ihn zu seinem Geburtstag beglückwünschen. Der Rest ist Sache des anderen.

Eine große Handelskette erhält jedes Jahr viele anonyme Briefe mit Geldbeträgen von Menschen, die irgendwann einmal in der Vergangenheit etwas ohne Bezahlung haben mitgehen lassen. Ihr Gewissen lässt sie offensichtlich nicht in Ruhe, bis sie die Dinge in

Ordnung gebracht haben. Alle diese Gelder werden übrigens von dem Unternehmen für einen wohltätigen Zweck verwendet.

Es passiert immer wieder, dass wir aufgrund eines alten Konfliktes aus Trotz einen anderen Weg gehen, als wir eigentlich gehen wollen. Gestalten Sie Beziehungen proaktiv. Sie sind nur für *Ihren* Part verantwortlich, aber das voll und ganz! Manches dumme Wort oder Verhalten kann man nicht ungeschehen machen, aber man kann zumindest so weise sein und im Nachhinein auch dem anderen gegenüber zugeben, dass es falsch war. Es gibt in jeder größeren Schreibwarenhandlung schöne Postkarten mit dem Aufdruck »Entschuldigung«. Das Zugeben von Fehlern ist ein wichtiger Zug von charakterstarken, reifen Menschen. Niemand ist ohne Fehler, und jeder weiß das, also brauchen Sie gar nicht vorzutäuschen, die einzige Ausnahme auf dieser Welt zu sein.

Sollten bei diesem Nachdenken alte Wunden wieder aufreißen, holen Sie sich Hilfe. Schon sehr vielen Menschen hat ein Gespräch mit einem guten Seelsorger oder Therapeuten weitergeholfen. Sie brauchen deshalb den Prozess dieses Buches nicht zu unterbrechen, aber lassen Sie sich nicht aus falschem Stolz Lebensqualität rauben!

Workshop: Lebensblockaden

1. Was sind Dinge, Beziehungen, Vorfälle in meinem Leben, die einer Aufarbeitung bedürfen?

   ____
   ____
   ____

2. Was fällt mir spontan ein, um etwas in dieser Situation zu bewegen? (z. B. »Eine versöhnliche Karte an Tante Eulalia«)

   ____
   ____
   ____

Auch hier ein Beispiel:

Fehler, belastete Beziehungen	**Was habe ich dazu beigetragen**	**Ideen, was ich tun könnte**	**Termin**
Schwägerin	Im Affekt als dumme Ziege bezeichnet	»Entschuldigungs«-Karte	heute Abend
Dieter	Misstrauen, weil bei Reisekostenfälschung ertappt	Gespräch, Aussprache	März

Fehler, belastete Beziehungen	**Was habe ich dazu beigetragen**	**Ideen, was ich tun könnte**	**Termin**

Was so alles in Ihnen steckt

Andere Menschen haben uns geprägt und unser Potenzial mit geformt. In diesem Abschnitt werden wir nun genauer untersuchen, was in uns steckt und bei der Lebens- und Berufsplanung zum Einsatz kommen kann.

Was mir Spaß macht: Motivationsfaktoren

Angenommen, Ihr Chef kommt morgen zu Ihnen an den Schreibtisch und verkündet, dass Sie künftig monatlich 1 000 Euro mehr Gehalt beziehen. Was schätzen Sie, wie lange die Motivation durch so eine Gehaltserhöhung im Schnitt anhält? In den Seminaren fällt die Reaktion auf diese Frage sehr unterschiedlich aus. Manche schätzen ein Jahr, andere sechs Wochen. Eine Untersuchung kommt zu dem überraschenden Schluss: Sofern das Existenzminimum gesichert ist, hält die Motivation durch eine Gehaltserhöhung im Schnitt nicht länger als 14 Tage an. Was motiviert uns Menschen aber dann?

Der amerikanische Wissenschaftler Arthur Miller hat herausgefunden, dass jeder Mensch sieben bis zehn Motivationsfaktoren hat, die angeboren zu sein scheinen. Ein Beispiel zur Erläuterung: Gehört das Präsentieren von Informationen zu Ihren Motivationsfaktoren, macht Ihnen also die Tätigkeit an sich Freude, können Sie es in den unterschiedlichsten Berufsfeldern ausleben – Sie werden es überall besonders gerne machen.

Die meisten Menschen halten sich ein Leben lang im Bereich ihrer erlernten Fähigkeiten auf. Diese könnten zugleich auch ihre Motivationsfaktoren sein, doch das ist nicht automatisch der Fall. Trotzdem verweilen wir lieber in diesen Bereichen, weil sie uns vertraut sind. Wir ziehen das vertraute Leid dem unvertrauten Glück vor – man gewöhnt sich ja auch an manches. Wissen Sie, wie manche indischen Volksstämme Arbeitselefanten erziehen? Das junge Tier wird mit einer schweren Kette an einen Betonblock gekettet, und man legt appetitliches Futter gerade außerhalb seiner Reichweite auf den Boden. Der hungrige Elefant versucht natürlich, dieses Futter zu erreichen, und zerrt an der Kette. Die Kette schneidet ihm ins Fleisch, verursacht eine immer größere Wunde und immer größeren Schmerz. Nach einiger Zeit können Sie den ausgewachsenen Elefanten dann statt mit der Kette und Beton mit einem einfachen Strick an einem in den Boden gesteckten Stock anbinden, und er wird nicht einmal mehr daran denken zu entkommen.

Vielleicht hat eine bestimmte Tätigkeit Ihren Eltern Spaß gemacht, und sie glaubten, Ihnen würde es irgendwann genauso gehen. Doch auch wenn dies nicht der Fall ist, bleiben wir dem Vertrauten treu. Das ist kein Widerspruch zu den Workshops, durch die Sie sich bereits gearbeitet haben. Gewiss sind Sie durch Ihre Vorfahren stark geprägt, doch eine Prägung darf sich nicht zum Korsett entwickeln. Tun Sie Dinge nicht nur, weil diese in Ihrer Kindheit Anerkennung fanden. Wo es nötig ist, befreien Sie sich von den Vorgaben, die Ihnen Ihre Erzieher gemacht haben.

Unterschätzen wir nicht, welche Werte uns von zu Hause mitgegeben wurden. Wer in einem landwirtschaftlichen Umfeld groß geworden ist, wird vielleicht sein Leben lang Schwierigkeiten mit geistiger Arbeit haben. Denn auf dem Bauernhof ging es darum,

anzupacken, Hand anzulegen, die Wiese zu mähen, die Kühe zu melken. Der Griff zur Zeitung oder zum Buch galt als Luxus, den man sich allenfalls in den Wintermonaten leistete. Selbstverständlich findet sich auch das Umgekehrte. Die Professorentochter, die in jungen Jahren ständig zum Sprachenlernen und Bücherlesen angehalten wurde, tut sich mit praktischer und körperlicher Arbeit schwer, selbst wenn sie vielleicht großes Interesse daran hätte. Befreien Sie sich von dieser Erblast, wenn Sie fühlen, dass Sie für Tätigkeiten geschaffen sind, denen Sie sich bislang aus biografischen oder anderen Gründen verschlossen haben.

Was machen Sie gerne? Was bringt Ihre Augen zum Leuchten? Wir besitzen eine Fülle von Fähigkeiten. Paul Ch. Donders und Michaela Kast, die das Konzept der *Kreativen Lebensplanung* entwickelt haben, teilen diese in vier Gruppen:

1. Fähigkeiten im Umgang mit Menschen
2. Fähigkeiten im Umgang mit Informationen
3. Fähigkeiten im Umgang mit Materialien
4. Fähigkeiten im Umgang mit Kreativität

Jeder Mensch sollte mindestens 10 Prozent seiner Zeit im Bereich seiner Motivationsfaktoren tätig sein. Dies wäre genug Motivation für 100 Prozent Ihres Schaffens. Je mehr Ihr Berufsbild mit Ihren Motivationsfaktoren übereinstimmt, desto besser. Ich verbringe mindestens 60 Prozent meiner Tätigkeit im Bereich meiner Motivationsfaktoren. Das tut gut!

Bei einer Beratung in einem österreichischen Kloster kam eine etwa 80-jährige Nonne auf mich zu und sagte: »Sie haben ja so Recht mit dieser Dynamik!« Bis vor zehn Jahren war sie die Leiterin einer Großküche gewesen. Von einem Tag auf den anderen beschloss die Verwaltung, dass sie für diesen Job nun zu alt sei, und sie wurde ins Altersheim des Ordens verbannt, wo sie sich versorgen lassen sollte. Innerhalb von acht Wochen wurde sie sterbenskrank. Eine kluge neue Chefin ermöglichte ihr in dieser Situation, mehrmals in der Woche für ihre Mitschwestern zu kochen, und sie blühte wieder auf. Natürlich wirkten hier mehrere Dynamiken, aber unter anderem auch die der Motivation. Diese Schwester ist wahrlich kein Einzelfall!

Ist es nicht so, dass wir durch unser System der Zwangspensionierung Menschen von heute auf morgen etwas Fundamentales aus ihrem Leben wegnehmen? Unsere Gesellschaft hat ein eher geringschätziges Bild von alten Menschen, weshalb sich niemand gerne alt nennen lässt (inzwischen bestehen bereits 70-Jährige darauf, noch nicht alt zu sein). Das ist ein kulturelles Problem unserer westlichen Welt. Die amerikanische Psychologin Ellen J. Langer hat nachgewiesen, dass die chinesische Kultur eine ganz andere Sicht des Alters hat – mit dem Ergebnis, dass beispielsweise die Gedächtnisleistung älterer Chinesen von der anderer Altersgruppen kaum abweicht. In der europäisch-amerikanischen Kultur dagegen erwartet man förmlich, dass man im Alter vergesslich wird – und man wird es auch (das Problem echter Krankheiten wie Alzheimer soll hier unberücksichtigt bleiben). Orientieren Sie sich nicht an Ihrem Alter, sondern an Ihren Motivationsfaktoren! Und gehen Sie davon aus, dass Sie auch jenseits der 65 geistig wachsen und zu neuen Ufern aufbrechen werden.

Der Geschäftsführer eines sehr erfolgreichen mittelständischen Betriebes bat dringend um eine Beratung. Er hatte gute Umsätze, eine liebe Frau und gesunde Kinder. Zu Beginn des Gesprächs schilderte er jedoch seinen desolaten Zustand: Wenn seine Familie und sein Glaube nicht wären, so bekannte er, stünde er in der Gefahr, Selbstmord zu begehen. Auf die vorsichtige Frage, was er denn gerne mache, fiel ihm nichts ein. Wann ihm denn zum letzten Mal etwas Spaß gemacht habe? Wieder eine lange Stille – es gebe eigentlich nichts, und es komme ihm dazu überhaupt nichts in den Sinn. Nach wiederholten vorsichtig bohrenden Fragen hatte er plötzlich eine Idee: Er beschrieb, wie er für seine Tochter eine Puppenstube mit allen Details konstruiert hatte, detailgetreue Möbel, elektrisches Licht, sogar eine funktionierende Dusche für die Puppen ... Der Mann lebte auf, und seine Augen begannen zu leuchten – die gleiche Person, die noch vor ein paar Minuten so depressiv wirkte!

Die Hintergründe wurden allmählich deutlich: Der Mann war ein genial begabter Schreinermeister gewesen. Die Kunden waren begeistert von seinen kreativen, pfiffig konstruierten und qualitativ hochwertigen »Öko-Möbelstücken«, sein Ruhm verbreitete sich im ganzen Lande. Er musste immer mehr Mitarbeiter einstellen. Große Möbelhäuser wollten seine ausgefallene Kollektion. Schon bald hatte er über 40 Mitarbeiter, viel Arbeit, tolle Gewinnmargen, und ein Ende des Wachstums war nicht in Sicht. Entweder war er unterwegs, um neue Rahmenverträge auszuhandeln, oder mit der Verwaltung seines permanent wachsenden Betriebes beschäftigt.

In der weiteren Reflektion merkten wir, dass seine jetzige Tätigkeit als Geschäftsführer wenig mit seinen Motivationsfaktoren zu tun hatte. Er arbeitete sehr viel und hart, und sein Kopf fand alles, was er tat, logisch und gut. Aber sein Innerstes vermisste die Arbeit in der Produktion, den Umgang mit Holz, das Entwerfen von und praktische Arbeiten an neuen Modellen. Die Firma aufgeben wollte er nicht. Seine Position und die Kundenbeziehungen waren auch nicht ohne weiteres übertragbar.

Also vereinbarten wir einen Kompromiss. Jeden Dienstag würde er in der Frühe seinen Blaumann anziehen, in die Produktion gehen und sich vom zuständigen Meister einen Auftrag abholen. Wir zogen gleich den zuständigen Meister zurate, der von dieser Idee begeistert war. Seither arbeitet der Mann jeden Dienstag mit Holz, und er sagt, dies seien seine erfüllendsten Arbeitstage. Auch seine Führungsaufgaben erledigt er gut, aber das sind nicht seine Motivationsfaktoren. Übrigens: Er bewältigt das gleiche Arbeitspensum wie vorher, allerdings mit viel mehr Lebensfreude.

In vielen Unternehmen werden gute Mitarbeiter befördert. Das Peter-Prinzip, benannt nach dem gleichnamigen Ökonomen, besagt: Jeder wird befördert, bis er eine Stufe oberhalb seiner Qualifikation erreicht hat. Etwas schärfer formuliert: Man steigt so lange auf, bis man inkompetent für die Stelle ist, die man besetzt. Dort bewährt man sich nicht und bleibt stecken. Ähnliches passiert regelmäßig im Hinblick auf die Motivationsfaktoren. Ein Job passt hervorragend zu der Begabung eines Mitarbeiters, die nächsthöhere Tätigkeit verlangt aber total andere Begabungen. Wird er befördert, hat er vielleicht mehr Ansehen und ein höheres Gehalt, aber dieses allein macht auf Dauer nicht glücklich.

Wir haben in etlichen Unternehmen schon eine dramatische Verbesserung der Motivation nur durch die Einbeziehung dieser Dynamik erlebt. In einer Firma musste ein leidenschaftlicher Verkäufer nach Kundengesprächen immer stundenlang Papierkram erledigen. Im Verkauf war er unübertroffen, aber seine Verwaltungsqualität ließ stark zu wünschen übrig. Seine Kollegin hasste Kundenkontakt, lieferte aber exzellente Verträge und Pläne. Der Chef dieser Firma überlegte gerade, sich von beiden zu trennen, aber er fand keine Alternativen. Auf unseren Vorschlag hin bildeten die beiden ein Team: Der Verkäufer verkaufte, die Schnittstelle wurde organisiert und die Mitarbeiterin erledigte mit großem Spaß und in

Spitzenqualität alles Schriftliche. Die Provisionen wurden auf beide verteilt. Der Umsatz wuchs, und die Mitarbeiter waren glücklich.

Die Motivationsfaktoren sind im Leben eines Menschen so verteilt, dass er sie unmöglich alle an seinem Arbeitsplatz ausleben kann. Ein schönes Indiz dafür, dass wir Menschen nicht nur zum Arbeiten geschaffen sind. Manche Menschen setzen in ihrer Freizeit die gleichen Motivationsfaktoren ein wie in ihrem Beruf, allerdings ohne Druck (ein wichtiger Faktor!). Andere wiederum gestalten ihre Freizeit mit den verbleibenden Motivationsfaktoren, die sie beruflich nicht einsetzen können.

Eine Frau um die 50 entdeckte bei einem Seminar, dass ihr Traum und einer ihrer Motivationsfaktoren Ballett und Tanz waren. In der Beratung brach sie fast in Tränen aus, weil dieser Wunsch seit fast 50 Jahren in ihr schlummerte. Ihre Mutter hatte es ihr ausgeredet: sie sei zu dick, und es sei scheußlich anzusehen, wenn sie tanze. Also hatte sie diese Sehnsucht unterdrückt, auch als Berufswunsch. Nun stellte sie fest, dass es für sie die absolut wichtigste Motivationsbegabung war. Beruflich ließ sie sich nicht mehr umsetzen, aber seit dem Seminar räumt sie jeden Mittwoch die Wohnzimmermöbel auf die Seite, legt eine schöne CD ein und tanzt durch die Wohnung. Dies ist zum wichtigsten Termin der Woche für sie geworden.

Ein kleiner Tipp für Mütter (und natürlich auch Väter): Wir wissen heute, wie wichtig für die Kindererziehung die Präsenz eines Elternteils ist. Manche Mütter haben jene Motivationsfaktoren (zum Beispiel Mitfühlen, Kommunizieren), die mit den Aufgaben einer Vollzeitmutter und Hausfrau exzellent zusammenpassen. Andere sind ebenfalls gute Hausfrauen und vorbildliche Mütter, aber ihre Motivationsfaktoren liegen in anderen Bereichen (zum Beispiel Umgang mit Computern). Das führt oft zu unnötigen Frustrationen. Wer diesen Zusammenhang verstanden hat, wird die betreffenden motivierenden Tätigkeiten in seinen Alltag einbauen. Die computerbegeisterte Vollzeitmutter könnte etwa ihren Haushaltsbedarf über das Internet decken, anstatt sich mit ihren Kleinkindern durch den Supermarkt zu quälen.

Was machen Sie gerne? Planen Sie es in Ihr Leben ein. Motiviert schaffen Sie mehr – im Beruf wie privat! Kombinieren Sie Ihre Aufgaben auf proaktive Weise.

Workshop: Was motiviert mich?

Was sind nun Ihre Motivationsfaktoren? Wie können Sie diese herausfinden? Setzen Sie sich doch einmal in Ruhe hin und überlegen Sie, welche Tätigkeiten Sie immer wieder leidenschaftlich gerne ausüben. Erzählen Sie Ihrem Partner oder einem Freund drei bis fünf Geschichten über Dinge, die Sie mit großer Begeisterung gemacht haben. Bitten Sie Ihren Gesprächspartner, nur die Verben aufzuschreiben, die Sie verwenden.

Wählen Sie aus der unten stehenden, unvollständigen Liste diejenigen Motivationsfaktoren aus, die Ihre sein könnten. Ergänzen Sie die Liste um Fähigkeiten, die Ihnen in den Sinn kommen.

Menschen

1. Anweisungen folgen
2. Dienen
3. Mitfühlen, mitleiden
4. Kommunizieren
5. Überzeugen
6. Verhandeln, entscheiden
7. Gründen, aufbauen
8. Behandeln
9. Beraten
10. Lehren, unterrichten
11. Leiten
12. ______________________

Informationen

1. Verwalten
2. Rechnen, kalkulieren
3. Zu Potte bringen
4. Untersuchen, forschen
5. Beurteilen, bewerten
6. Organisieren
7. Verbessern, anpassen
8. Logisch denken
9. Planen, entwickeln
10. Strukturieren, ordnen
11. Konzepte entwickeln
12. ______________________

Materialien

1. Bearbeiten
2. Mit Erde u. Natur arbeiten
3. Maschinen und Geräte gebrauchen
4. Umgang mit Computer
5. Präzisionsarbeit
6. Bauen
7. Malen, anstreichen
8. Reparieren
9. Dekorieren
10. Umgang mit Elektronik
11. Kochen, backen
12. ______________________

Kreativität

1. Vorführen, amüsieren
2. Musizieren
3. Bildhauen
4. Tanzen
5. Pantomime
6. Schauspielen
7. Zeichnen
8. Entwerfen (Design)
9. Schreiben
10. Kreativ denken
11. Fotografieren
12. ______________________

Quelle: Paul Ch. Donders, Kreative Lebensplanung. Asslar 1997.

Was tun Sie gerne? Was erfüllt Sie?

Motivations-faktoren	Umfeld	Warum?	Wie kann ich das öfter haben?
Dekorieren	Zuhause	Besseres Lebensgefühl	Ich entwerfe eine »Dekoration des Monats«

Lernen Sie sich kennen

Jeder Mensch ist einzigartig. Theoretisch glauben wir das, aber was heißt das praktisch? Sie sind eindeutig identifizierbar durch Ihren Fingerabdruck und noch klarer durch Ihre Gene. Manche Zeitgenossen diskutieren, ob man diese Informationen nicht sogar zum Bestandteil unseres Personalausweises machen sollte.

Auch Ihre Stimme ist einmalig. So schwer es uns manchmal fällt, Mutter und Tochter am Telefon voneinander zu unterscheiden – für einen Computer ist dies kein Problem. Dieser erkennt Ihr einmaliges Stimmprofil. Bei der amerikanischen Armee und auch bei Geheimdiensten finden solche Systeme bereits Anwendung.

Wir Menschen unterscheiden uns nicht nur in Äußerlichkeiten. Auch unsere Persönlichkeit ist einmalig. Innerhalb der ersten 20 Sekunden, in denen Sie einen Menschen bewusst wahrnehmen, stecken Sie ihn bereits in eine Schublade. Es ist normal, dass wir versuchen, Menschen anhand uns bekannter Kriterien zu analysieren und einzuordnen. Wir setzen solche Raster unbewusst ein, um uns zu orientieren und uns sicher zu fühlen. Unser Tipp: Wenn Sie Menschen in Schubladen stecken, lassen Sie diese wenigstens geöffnet! In ihrer Einmaligkeit können viele Menschen Ihr Leben bereichern, aber schon so manches Vorurteil – ein Urteil, bevor Sie den anderen wirklich verstehen und kennen – hat zum Ende einer Beziehung geführt, noch ehe sie wirklich begonnen hatte.

Wir stellen Ihnen im Folgenden ein bewährtes Persönlichkeitsmodell vor, das Ihnen helfen soll, Klarheit über die Stärken und Schwächen Ihrer Persönlichkeit zu bekommen. Faszinierend ist es zu entdecken, dass viele Ihrer Schwächen die Kehrseiten Ihrer Stärken sind! Bei dem Persönlichkeitsmodell handelt es sich um das so genannte DISG-Profil. Die vier Buchstaben stehen für vier Grundtypen: dominant, initiativ, stetig und gewissenhaft. Das DISG-Persönlichkeitsprofil ist Marktführer im deutschsprachigen Raum und wird von vielen Firmen bei der Einstellung neuer Mitarbeiter angewendet. Aber auch für viele Privatpersonen stellt es so etwas wie eine »persönliche Offenbarung« dar. Erlauben Sie uns, dieses komplexe Thema etwas zu vereinfachen, bevor wir wieder differenzieren.

Haben Sie schon einmal einen so richtig extrovertierten Menschen erlebt? Auffällig, kommunikativ, selbstbewusst, zielorientiert ... Was für ein Unterschied zu einem ruhigen, unauffälligen, vielleicht schüchtern und zurückhaltend wirkenden Menschen, dem eher introvertierten Typ. Wenn Sie sich auf einer Skala von 1 bis 10 selbst bewerten müssten, würden Sie sich im Normalfall als

eher introvertiert oder eher extrovertiert bezeichnen? Wo fühlen Sie sich am wohlsten? Nur wenige werden sich bei 1 oder 10 einordnen. Können Sie bei sich eine Tendenz feststellen?

Natürlich kommt es sehr stark auf das Umfeld an. In einer Firma hatten wir eine Beratung mit einer Gruppe von fünf Vorstandsmitgliedern. Einer war extrovertierter als der andere. Ich glaube, ich habe in meinem ganzen Leben noch keine so konzentrierte Anhäufung von Extroversion erlebt. Ein Mitglied der Gruppe war ein kleines bisschen weniger auffällig begabt in diesem Bereich und hielt sich selbst aufgrund des Vergleichs mit den anderen für sehr introvertiert. In einer Pause besuchten wir seinen Arbeitsbereich. Eine Mitarbeiterin, die wusste, womit wir uns beschäftigten, nahm mich auf die Seite und sagte: »Glauben Sie diesem Herrn ja nicht, wenn er behauptet, introvertiert zu sein. Ich kenne die anderen Vorstände nicht, aber er ist das Extrovertierteste, was mir je unter die Augen gekommen ist.« Sie sehen: Ihr Umfeld kann Ihre Wahrnehmung sehr beeinflussen.

In den 70er Jahren hörte man oft die Theorie, dass jeder Mensch als »weißes Blatt« auf die Welt komme. Seine Persönlichkeit werde durch sein Elternhaus, seine Umwelt und ähnliche Faktoren geprägt und geformt. Heute hat sich diese Einschätzung verändert.

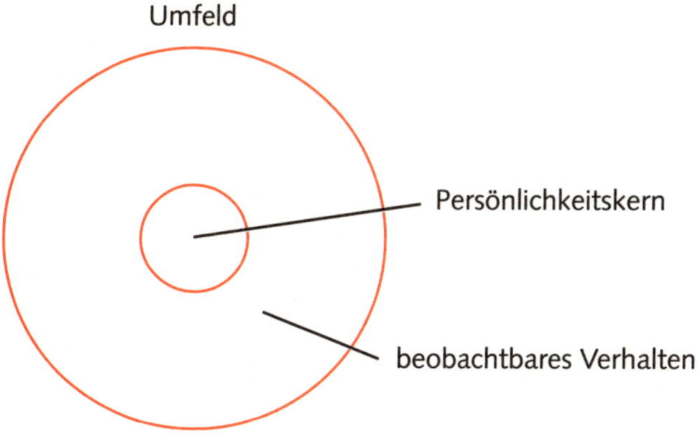

Persönlichkeitskern und beobachtbares Verhalten

Niemand bezweifelt den starken Einfluss der Geschichte und des Umfeldes, aber ein Grund-Persönlichkeitskern scheint angeboren und unveränderbar.

»Gehen wir eine halbe Stunde joggen?« Eine Geschäftsfrau, die mit einem introvertierten Mann verheiratet war, berichtete, dass ihr Mann, als er nach 27 Minuten zum abgestellten Auto zurückkam, noch drei Minuten um das geparkte Auto herum joggte. Auf die Frage, warum er das mache, erwiderte er: »Wir sprachen doch über eine halbe Stunde.«

Es wird Ihnen nicht schwer fallen, diesen Mann auf der unten abgebildeten Tabelle als typischen »G-Vertreter« einzuordnen.

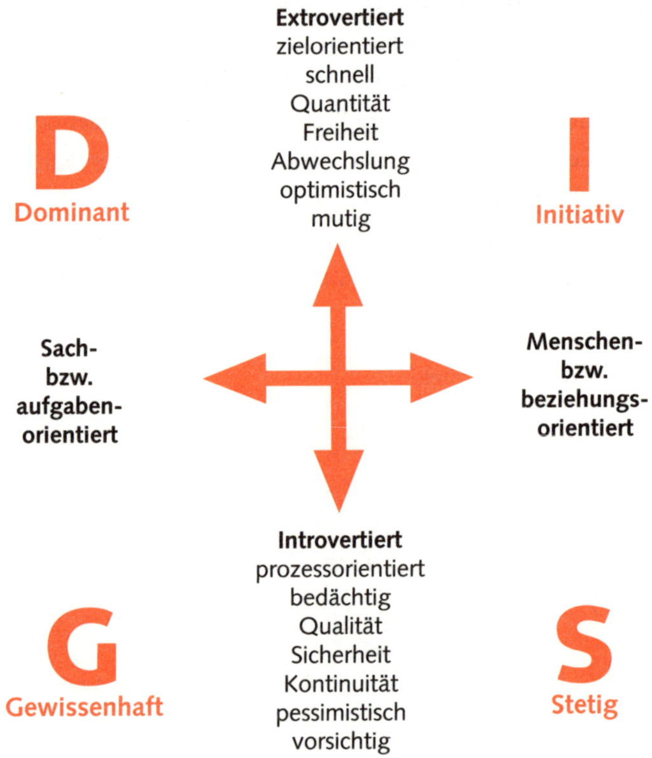

Die Merkmale der DISG-Persönlichkeitstypen

Wäre unsere Geschäftsfrau mit einem extrovertierten und menschenorientierten Mann verheiratet, so würde er, kaum aus dem Auto ausgestiegen, vermutlich ein ausführliches Gespräch mit einem Spaziergänger beginnen. Im Nu wäre die geplante halbe Stunde verflogen, der nächste Termin drängte, und so bliebe das Joggen wieder einmal auf der Strecke. Auf der Tabelle können Sie ein derartiges Verhalten klar dem Buchstaben »I« zuordnen.

Extrovertierte Menschen haben meist ein hohes Tempo, die Introvertierten sind tendenziell eher langsam. Überraschen Sie doch einmal beide Typen mit der Bitte um Entscheidung in einer neuen Angelegenheit. Beobachten Sie dabei, wem von beiden es leichter fällt, einen schnellen Entschluss zu fassen. Wenn Sie einen echten Extrovertierten vor sich haben, will er meist schnell ein Ziel erreichen. Er ist tendenziell redegewandter, offener, lauter und schneller.

Ein weiteres wichtiges Unterscheidungsmerkmal neben »extro-« beziehungsweise »introvertiert« ist, dass manche Menschen eher sach- oder aufgabenorientiert, andere dagegen menschen- oder beziehungsorientiert sind. Während sich die einen gern allein Sach-

aufgaben widmen, arbeiten die anderen bevorzugt mit Menschen. Natürlich gibt es auch Mischtypen, die gern beides in ihrem Leben vereinen. Was macht Ihnen mehr Freude? Bitte kreuzen Sie an, was auf Sie zutrifft!

Um es noch einmal auf den Punkt zu bringen: Diese Ausführungen haben nicht den Zweck, jeden in ein Schema zu pressen und ihn dann gedanklich so zu blockieren, dass er aus der Schublade nie wieder herauskommt. Es geht vielmehr darum, bewusst die eigenen Stärken einzusetzen oder in gewissen Situationen vorsichtiger zu sein, weil man seine Schwächen kennt. Je besser die individuellen Stärken zur jeweiligen Lebenssituation passen, desto effektiver und erfüllter leben Sie. Initiative Menschen werden sich beispielsweise in einem autoritär geführten Betrieb auf Dauer unwohl fühlen. Für sie kann es eine große Befreiung bedeuten, den (wohlbedachten und sorgfältig geprüften) Schritt in die Selbstständigkeit zu wagen. Wer sich besser kennt, traut sich auf den richtigen Gebieten auch mehr zu.

Workshop: Meine Persönlichkeitsstruktur

Die folgende Übersicht ist kein vollständiges DISG-Profil, aber sie zeigt in Ansätzen, was ein solches Profil leistet. Wenn Sie sich für Details der Methode interessieren, so finden Sie weitere Informationen unter www.disg.de.

Bitte lesen Sie alle Adjektive in der rechten Spalte der Übersicht konsequent durch (ergebnisorientiert, entscheidungsfreudig usw.), und markieren Sie die Aussagen, die auf Sie zutreffen.

Dominant	• Stärken	• ergebnisorientiert • entscheidungsfreudig • liebt Herausforderungen • unabhängig • bringt Dinge ins Rollen • im Team: richtungsweisender Motor • in Führungsrolle: bringt Dinge ins Rollen, managt Probleme und Unruhen
	• Schwächen	• ungeduldig • kontaktarm • schlechter Zuhörer • Entscheidungen evtl. vorschnell • schwieriger Teammitarbeiter • stellt zu hohe Anforderungen an andere • übersieht Risiken
	• Ideales Umfeld	• Entscheidungsfreiheit • Herausforderungen • große Projekte • selbstständiges Arbeiten • möglichst wenig Kontrolle • möglichst wenig Detailarbeit • klare Ziele
Initiativ	• Stärken	• knüpft Kontakt • verbreitet Optimismus und Begeisterung • kann das Leben genießen • kommuniziert gut und gerne • schafft eine motivierende Atmosphäre • im Team: stellt Kontakte her • in Führungsrolle: ermöglicht offene Kommunikation, sucht nach Übereinstimmung bei endgültigen Entscheidungen
	• Schwächen	• abhängig von Anerkennung • unorganisiert • scheut Konfrontation • führt Angefangenes nicht zu Ende • redet zu viel • kann schlecht allein sein • achtet nicht auf Genauigkeit
	• Ideales Umfeld	• Abwechslung • Menschen • Zeit zum Leben-Genießen • möglichst wenig Detailarbeit • flexible Bedingungen • Gelegenheit zum Kommunizieren • öffentliche Anerkennung

Die vier Haupttypen von DISG

Stetig	• Stärken	• schafft Harmonie • guter Teamarbeiter • hört gut zu • loyal • schafft stabiles Umfeld • im Team: harmonisiert, führt spezialisierte Arbeiten aus • in Führungsrolle: unterstützt andere, ihre Arbeit zu tun
	• Schwächen	• unentschlossen • kann nicht »Nein« sagen • zu defensiv • scheut Auseinandersetzung • zu kompromissbereit • stellt eigene Wünsche zu schnell zurück • kommt schwer mit Veränderungen zurecht
	• Ideales Umfeld	• Sicherheit, Stabilität • Zeit, sich auf Veränderungen einzustellen • Arbeit im Team • Anerkennung für die eigene Person • geklärte Erwartungen • harmonisches Umfeld • klare, gute Beziehungen
Gewissenhaft	• Stärken	• Detailfreude • Qualitätsbewusstsein • denkt kritisch, hinterfragt • ausdauernd • beachtet Regeln und Normen • im Team: konzentriert auf wichtige Details • in Führungsrolle: legt Wert auf Vollendung von Aufgaben, will, dass Prozeduren befolgt werden
	• Schwächen	• verliert sich im Detail • Hang zum Perfektionismus • Gefahr, sich auf Beobachterposten zurückzuziehen • »es richtig zu machen« hat zu viel Bedeutung • wenig Flexibilität • trifft Entscheidungen zu langsam • pessimistisch
	• Ideales Umfeld	• geklärte Erwartungen • Regeln, Normen • Begründung für Veränderungen • Anerkennung für geleistete Arbeit • klare Aufgabenbeschreibung • Gelegenheit zum Nachfragen • Aufgaben, die Genauigkeit benötigen

Fortsetzung: Die vier Haupttypen von DISG

»Wert-voll« leben

Wofür sind Sie bereit, Geld auszugeben? Wenn Sie diese Frage verschiedenen Menschen stellen, werden Sie erstaunt sein, wie unterschiedlich hier die Antworten ausfallen – und das ist gut so. Jeder hat andere Dinge, die ihm wertvoll sind, ein persönliches Werteprofil. Wahrscheinlich haben Sie und Ihr Freundeskreis eine gewisse Schnittmenge. Sollte Ihr Werteprofil jedoch absolut identisch mit dem Ihrer Umwelt sein, kennen Sie sich oder den anderen vermutlich noch nicht gut genug, oder Sie haben einen Teil Ihrer wichtigen Individualität aufgegeben.

Jeder Mensch hat sowohl persönliche als auch gesellschaftliche Werte, die Veränderungen unterliegen. Die Stabilität persönlicher Werte steigt mit zunehmendem Alter. Der Einfluss von Werten auf unsere Entscheidungen ist viel größer, als man bisher angenommen hat, und hat seinen Stellenwert gleich neben der Persönlichkeit und den eigenen Fähigkeiten.

Das gilt bei weitem nicht nur für das Privatleben. Immer mehr Fachleute erkennen den enormen Einfluss unseres Werteprofils auf unser Verhalten und unsere Entscheidungen im Berufsleben. In immer mehr Unternehmen wird diese Dynamik erkannt und in die Unternehmensführung einbezogen. Manche schreiben Wertekompatibilität sogar als Voraussetzung für Kooperationen mit anderen Geschäftspartnern vor: »Wenn Sie unser Zulieferer werden wollen, müssen für Sie die gleichen Werte wichtig sein wie für uns.« Werte sind für Menschen wie ein Betriebssystem für einen Computer. Wir handeln viel mehr aus unseren Werten heraus, als uns dies bewusst ist.

Ein Beispiel aus der Praxis: Ein Produzent hatte trotz Warenausgangskontrolle einen dramatisch hohen Rücklauf an defekten Produkten. Die Kunden waren verstimmt, die Presse und der Markt reagierten gefährlich. Bei einer genaueren Analyse ließ sich feststellen, dass die Geschäftsleitung als oberste Devise ausgegeben hatte: Wir müssen eine größere Anzahl unserer Produkte in deutlich weniger Zeit produzieren. Die Bandgeschwindigkeit war erheblich gesteigert worden, und die Vorgaben für die einzelnen Arbeitsschritte waren atemberaubend. Alle Mitarbeiter gaben ihr Bestes, aber nach einiger Zeit waren sie nur noch frustriert. Die Geschäftsleitung hatte dies noch nicht wahrgenommen. Verbunden mit einem autoritären Führungsstil, der Mitarbeiter öffentlich ächtete, wenn sie Fehler gemacht hatten, führte diese Situation zu dem eklatanten Anstieg von Fehlproduktionen.

Die Fehler wurden verheimlicht, und man reduzierte aus Kostengründen die Ausgangskontrolle auf Stichproben. »Wir senken die Kosten, koste es, was es wolle«, war die widersinnige Devise. Qualität und andere Werte zählten nur auf dem Papier. »Erbsenzähler« trafen kurzsichtige Entscheidungen.

Es kommt nicht darauf an, was auf dem Papier steht, sondern was Sie leben. Ich treffe immer wieder Unternehmer, die sinngemäß wissen wollen: Wie bringe ich meine Mitarbeiter dazu, etwas zu leben, was ich als Chef nicht lebe? Solche Täuschungsmanöver funktionieren nur sehr kurzfristig. Guardini sagt, ein Mensch predigt zu 10 Prozent durch seine Worte, zu 30 Prozent durch sein Tun und zu 60 Prozent durch sein Sein. Je größer der Stress, desto stärker kommt zum Vorschein, wie ich bin und was mir wirklich wichtig ist. Dies prägt mein Umfeld und predigt wesentlich lauter als meine Worte und auch meine Taten. Ein wichtiger Teil der Botschaft, die Sie weitergeben, sind Ihre Werte. Sie prägen mit Ihren Werten eine Beziehung, eine Organisation, Ihr ganzes Umfeld.

Dies führt zu der Notwendigkeit, Werte als wichtigen Faktor mit einzubeziehen. In der amerikanischen Wirtschaft macht der Spruch die Runde: »Because of competence you hire, because of character you fire!« (Wegen seiner Kompetenz wird ein Mitarbeiter eingestellt, wegen seines Charakters müssen wir ihn wieder entlassen.)

Was sind Ihre Werte? Was sind gesunde Werte für Ihr Unternehmen? Daraus folgt die Fragestellung: Wie komme ich dazu, wirklich werteauthentisch zu leben? Wie bringe ich meine Mitarbeiter dazu, entsprechend unseren Firmenwerten zu handeln? Sind die Mitarbeiter überhaupt wertekompatibel?

Wenn nicht, dann haben Sie – je nach Wichtigkeit der Werte für Ihr Unternehmen – immer wieder ein Problem. Die Mitarbeiter werden entsprechend ihren eigenen Werten handeln; entsprechend dem, was sie für gut empfinden. Stimmen diese mit den Unternehmenswerten überein und begegnen diese auch noch den Werten Ih-

rer Kunden, haben Sie gewonnen. Je größer der Stress, desto klarer treten Ihre Werte zum Vorschein.

Wir sind der Überzeugung, dass es einige Basiswerte gibt; Prinzipien, nach denen Leben funktioniert, die für ein friedliches Zusammenleben notwendig sind. Diese gilt es zu erkennen und in das eigene Leben zu integrieren. Sind diese Basiswerte in einer Beziehung, Organisation und Kultur nicht vorhanden, zieht das Zerstörung nach sich. Die Menschenrechte sind ein sehr gutes Beispiel hierfür. Nach einer Phase großer Liberalität meinen wir feststellen zu können, dass es ein wachsendes Bewusstsein für diese Werte gibt und immer mehr Menschen bereit sind, sie in ihr Leben und ihre Organisationen zu integrieren. Wir hoffen, dass sich dieser Trend fortsetzt.

Eine Gesellschaft, eine Organisation, Werbung – sie alle sind auf ihre Weise »missionarisch« und prägend für bestimmte Werte. Nicht alle Werte sind tragfähig, es können auch zerstörerische darunter sein. Ein Unternehmen kann gute Werte haben und diese auch leben, aber sein Werteprofil ist möglicherweise trotzdem nicht kompatibel mit Ihrem. Man spricht in solchen Fällen von einer Wertekollision. Spannungen in Teams und Beziehungen gehen häufig auf unterschiedliche Werte oder deren Priorisierungen zurück.

Für mich ist persönliche Weiterbildung und Weiterentwicklung ein sehr hoher Wert, der sich über die Jahre hinweg verfestigt hat. Dafür trete ich ein, werbe mit meinen Worten und meinem Sein. Einen Verein, in dem ich nebenberuflich leitend tätig bin, hätte ich fast zerstört, weil ich irrtümlich glaubte, allen Vereinsmitgliedern müssten dieselben Werte wichtig sein. Nach größeren Spannungen erarbeiteten wir schließlich ein gemeinsames Werteprofil für den Verein, und mir wurde einmal mehr bewusst, wie leicht man der Gefahr der Werteprojektion unterliegt. Ich beobachte mein Werteprofil, überdenke es und versuche, es vor »Viren« zu bewahren. Auch hier sind Dreamdays ein guter Rahmen.

Kann man mit Menschen mit unterschiedlichen Werteprofilen zusammenleben, beispielsweise mit ihnen verheiratet sein? Ja, wenn gegenseitige Achtung und Respekt (zwei der Basiswerte) die Beziehung prägen. Unterschiedliche Werteprofile sind das Normale. Ein unreifer Umgang damit beschwört allerdings die Gefahr von »Kriegen« herauf, bei denen einer versucht, den anderen seinem Wertesystem zu unterwerfen. Manchmal scheint es mir, dass gut funktionierende Partnerschaften unbewusst ein eigenes Werteprofil für die Partnerschaft entwickelt haben, welches mit dem der Einzelpersonen kompatibel, aber nicht identisch ist.

Workshop: Klärung der persönlichen Werte

Dieser Workshop hilft Ihnen, Ihre persönlichen Werte zu erkennen. Mehr noch: Er hilft Ihnen, die Bereiche zu entdecken, in denen Sie sich eigentlich Veränderung wünschen. Tragen Sie in die Tabelle ein, welche Werte und Beziehungen Ihnen wie wichtig sind und welche Bedeutung sie tatsächlich heute in Ihrem Leben haben. Legen Sie noch heute fest, was Sie unternehmen werden, wenn es gravierende Abweichungen gibt!

Wie wichtig ist mir ...	Geben Sie je eine Note von 1–6 (1 = sehr wichtig 6 = unwichtig)	Wie ist die Realität von 1–6 (1 = sehr wichtig 6 = unwichtig)	Abweichung	Was werde ich tun?
Beispiel ... ein gutes Verhältnis zu Kollegen und Familie?	2	4	2	• Kollegen zu Kaffee und Kuchen einladen • Kleinere Feste und Erfolge feiern, nette Memos verschicken • Jeden Tag einen Kollegen loben

Wie wichtig ist mir ...	Geben Sie je eine Note von 1–6 (1 = sehr wichtig 6 = unwichtig)	Wie ist die Realität von 1–6 (1 = sehr wichtig 6 = unwichtig)	Abweichung	Was werde ich tun?
1. ... ein gutes Verhältnis zu Kollegen und Familie?				
2. ... ein hohes berufliches Ansehen?				
3. ... das Erreichen von persönlichen Zielen?				
4. ... Teamfähigkeit und Zusammenarbeit mit anderen?				
5. ... Freizeit und Vergnügen?				
6. ... Wohlstand und Reichtum?				
7. ... Gesundheit und Fitness?				
8. ... ein wichtiger Beitrag für die Gesellschaft?				
9. ... das Respektieren von Erfolgen anderer?				
10. ... Unabhängigkeit, Ungebundenheit und Entfaltungsfreiheit?				
11. ... persönliches und geistiges Wachstum? (Weiterbildung etc.?)				
12. ... Zeit mit meiner Familie und engen Freunden?				
13. ... die Karriere und die berufliche Herausforderung?				
14. ... verantwortungsbewusstes Verhalten?				
15. ... Zeit für Gott und Fragen nach dem Sinn?				

Was sind nun Ihre ganz persönlichen Werte? Sie haben in der soeben durchgeführten Übung 15 Werte benotet. Schauen Sie sich diejenigen, die Sie für sich als die wichtigsten priorisiert haben, genauer an. Sind dies die Werte, die Ihr eigenes Wertesystem reflektieren? Oder gibt es bei Ihnen möglicherweise noch ganz andere Werte, die für Sie eine Rolle spielen?

Meine Werte:	**Wie möchte ich diese Werte leben?**
Beispiel: Das Respektieren der Erfolge anderer	• Genauer hinhören, wenn andere von Erfolgen berichten. • Nette und anerkennende Memos vorbereiten.
1.	
2.	
3.	
4.	
5.	
6.	
7.	
8.	

Zweiter Schritt: Richtung geben

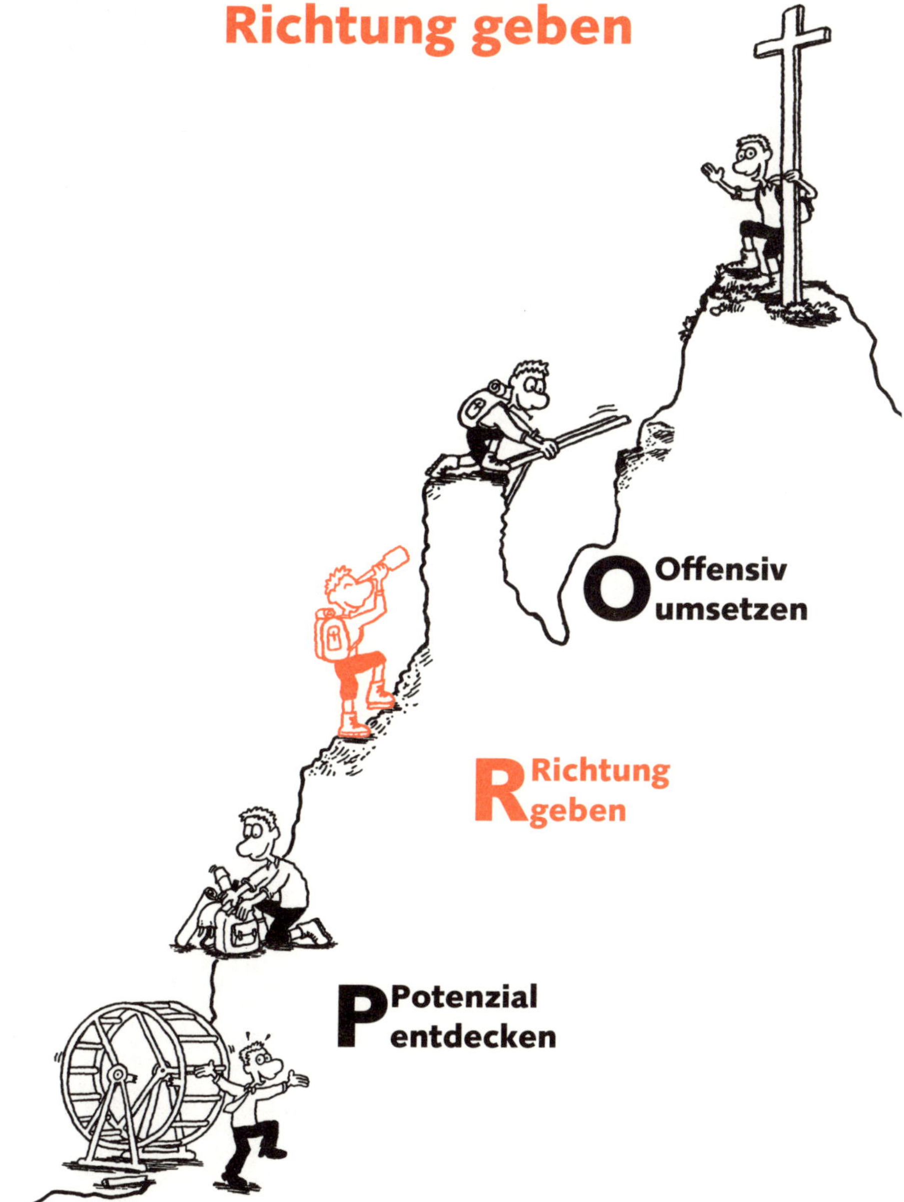

Ein Volk ohne Visionen geht zugrunde.

Sprüche 29,18

Sie sind aus dem Hamsterrad ausgebrochen. Sie haben im vergangenen Kapitel erkannt, was alles in Ihnen steckt, und wissen nun ganz genau, worin Ihr Potenzial besteht. Doch wer den Bestand seiner Speisekammer aufgelistet hat, weiß deshalb nicht unbedingt, was er damit kochen kann. Ihr Potenzial gibt Ihnen eine Vorstellung, in welche Richtung Ihr Leben verlaufen soll und wie Sie möglicherweise am meisten daraus machen.

Das folgende Kapitel soll Ihnen zunächst Klarheit über das geben, was mit dem schillernden Begriff *Vision* bezeichnet wird. Vision ist zu einem Modewort geworden und wirkt inhaltlich meist etwas abstrakt. Aus dieser Sphäre des Schwammigen, des Nicht-Greifbaren wollen wir das Wort herausholen. Das Bild, das Sie von Ihrer Zukunft haben, soll schärfere Konturen bekommen und in seinen Farben reicher werden. Beim Malen dieses Bildes müssen Sie bereits Entscheidungen treffen. Zu einer Lebensoption »Ja« zu sagen, bedeutet in vielen Fällen ein »Nein« zu anderen. Durch verschiedene Workshops werden Sie das Gespür dafür verbessern, was für Sie wirklich zählt. Sie reflektieren und entscheiden darüber, welchen Weg in Ihre Zukunft Sie für den besten halten.

Die Kraft eines inneren Leitbildes

Alle Dinge werden zweimal geschaffen: zuerst als Idee, dann in der Realität. Dieser Überzeugung waren schon die alten Griechen. Vielleicht halten Sie das für eine banale Erkenntnis, doch tatsächlich wenden die wenigsten Menschen sie auf ihr eigenes Leben an. Ein erfolgreiches, erfülltes, glückliches Leben ist nicht die Summe zufälliger Entwicklungen, sondern der Spiegel der inneren Welt eines Menschen, wenn er sich auf Erfolg, Erfüllung und Glück vorbereitet und die entsprechenden Ideen bewusst oder unbewusst in die Realität umsetzt. Natürlich wissen wir: Es gibt Dinge, die wir nicht beeinflussen können, Schicksalsschläge, heimtückische Krankheiten, Pech, globale Entwicklungen, die wir nicht steuern können. Doch auf unser Inneres können wir immer Einfluss nehmen.

Stellen Sie sich vor, heute wäre ein ganz besonderer Tag: Sie könnten endlich Ihr erstes eigenes, neu erbautes Haus beziehen. Eine dringende Geschäftsreise hat Sie gezwungen, die letzten Wochen im Ausland zu arbeiten, während eine Umzugsfirma Ihre ganzen Habseligkeiten ein- und im neuen Haus wieder auspackte. Voller Spannung fahren Sie vor – Ihr Haus! Sie stehen vor dem Eingang, vergleichen aufmerksam die Realität mit Ihren Plänen. Dann betreten Sie die eigenen vier Wände, erblicken vertraute Möbel in neuen Räumen, und wieder vergleichen Sie das Geschaffene mit dem inneren Bild, das an zahllosen Abenden vor Ihrem inneren Auge entstanden war ...

Wann haben Sie begonnen, Ihr Haus zu bauen? Nein, ich meine nicht den Tag, an dem der Bagger kam und Sie mit einigen Freunden und einer Flasche Sekt auf der grünen Wiese den ersten Spatenstich feierten. Wie und wann hat die Entstehung Ihres Hauses eigentlich begonnen? So könnte es abgelaufen sein: Vor sieben Jahren besuchten Sie einen Freund, der gerade sein eigenes Heim erstellt hatte. Ein eigenes Haus war bis zu diesem Zeitpunkt kein Thema für Sie gewesen. Aber dann erlebten Sie die Atmosphäre, die weiten Räume, die inspirierende Lage, die effektvolle Ausleuchtung, die stilvollen Möbel ... Auf die spontane und scherzhafte Frage, ob er es Ihnen nicht verkaufe, hatte Ihr Freund damals nur gesagt: »Da musst du dir schon dein eigenes Haus bauen!«

Ab diesem Zeitpunkt veränderte sich etwas in Ihnen. Ihnen fielen auf einmal überall Häuser auf! Überall begannen Sie, Schönes und Hässliches an Gebäuden bewusst wahrzunehmen. In Ihnen formte sich etwas – ein inneres Bild von »Ihrem« Traumhaus. Vor drei Jahren besuchten Sie dann zum ersten Mal Ihren Architekten. Sie erzählten ihm begeistert von Ihren Ideen. Er reagierte zunächst etwas zurückhaltend und fing an, Fragen zu stellen: Ob Sie wüssten, was Ihre Ideen kosten, welche Ressourcen Sie hätten und so weiter. Nachdem Sie sich auf eine Ihrem Potenzial entsprechende Größenordnung geeinigt hatten, machte er sich an den ersten Entwurf. Sie erschraken bei der ersten Präsentation seiner Ideen. Was er da skizziert hatte, war nicht Ihr Haus, das war sein Haus! Es war nicht das Bild, das Sie vor Ihrem inneren Auge hatten. Wie sehr wünschten Sie damals, es gäbe eine drahtlose Bildübertragung von Gehirn zu Gehirn, er könne einfach das innere Bild übernehmen und einen Plan davon machen ...

Alle Dinge, die sichtbar entstehen, haben einen unsichtbaren Beginn. Sie haben eine Idee. Ein inneres Bild beginnt zu entstehen, zuerst noch verschwommen, dann aber immer konkreter. Meist wandelt sich dieses innere Bild während des Entstehungsprozesses. Sie haben ein Bild von Ihrer Zukunft, Ihrem Leben, Ihrer Firma, einer ganz konkreten Aufgabe und sogar Ihrer Familie. Sie können dieses innere Bild beeinflussen und gestalten. Wenn Sie es nicht bewusst wählen, wird es ein unbewusst entstandenes Bild sein, an dessen Umsetzung Sie arbeiten. Das innere Bild ist sogar stärker als Ideen, die Sie irgendwann einmal zu Papier gebracht haben. Innere Bilder von Dingen leiten uns und beeinflussen unser Handeln.

Bewusst und proaktiv zu leben bedeutet, dieses innere Bild aktiv zu gestalten, daran zu arbeiten, es immer wieder zu überarbeiten, zu verbessern. Intuition ist nicht schlecht, aber manchmal zu wechselhaft. Sie führt uns in der Regel nicht kraftvoll genug dorthin, wo wir hinwollen. Deshalb sollten Sie einen entscheidenden Schritt weiter gehen: Gestalten Sie! Lassen Sie die Dinge nicht einfach laufen, sondern präzisieren Sie das Bild, das Ihre Zukunft beschreiben soll.

Dieses innere Bild können Sie gerne auch Vision, Leitbild oder Zielfoto nennen. Unser inneres Leitbild hat eine entscheidende Kraft und einen immensen Einfluss auf unser Leben. Gleichzeitig

ist es etwas Lebendiges, es lebt, muss gestaltet, überdacht werden und braucht Updates und Upgrades. Sie werden nie zu einem »perfekten« Leitbild kommen, wenn Sie sich scheuen, mit einer Beta-Version – also einer unvollkommenen Testversion – zu beginnen.

Eine klare Vorstellung von der Zukunft unseres Lebens zu entwickeln, fällt uns oft sehr schwer. Manche Menschen haben ein schlechtes Gedächtnis, sie können sich nur schlecht an Dinge, Namen, Abgesprochenes erinnern. Heute weiß man, das Gedächtnis ist trainierbar wie unsere Muskulatur. Vergleichbares gilt auch für die Kreativität und die Fähigkeit, in die Zukunft zu denken. Wenn Sie sich nicht nur fremd steuern lassen wollen, beginnen Sie zu üben. Trainieren Sie, kreativ für Ihr eigenes Leben in die Zukunft zu denken. Sie werden feststellen: Je regelmäßiger Sie das tun, umso leichter ist es!

Balance finden

An welchen Ihrer Lebensbereiche haben Sie vorhin gedacht, als wir über Visionen sprachen? An Ihre Firma, Ihr gesamtes Lebenswerk, Ihre Ehe? Natürlich gibt es eine Gesamtschau, aber kein Mensch hat nur eine Berufung. Es gibt auch Lebensabschnittsberufungen, Berufungen für einzelne Lebensbereiche und dergleichen. Der Wissenschaftler Nossrat Peseschkian zeigt in einer transkulturellen Studie, dass Leben in einer Balance zwischen vier zentralen Bereichen stattfinden muss, damit es sich gesund entwickelt:

1. *Ich*: Hier geht es um einen gesunden Umgang mit sich selbst, z. B. Bewegung, Ernährung, Freizeit.
2. *Leistung*: Wo möchten Sie Ihre Arbeitskraft einbringen, beruflich, privat oder auch ehrenamtlich?
3. *Beziehungen*: Sie sind ein wesentlicher Teil des Lebens und der Lebensqualität. Was ist Ihre Perspektive für Ihre Partnerschaft, die Beziehung zu den eigenen Kindern, Ihren Freundeskreis?
4. *Sinn*: Warum machen Sie das alles, was Sie machen? Ist die erste Lebenshälfte meist geprägt vom Thema »Haben«, gewinnt in der zweiten das Thema »Sinn« an Gewicht. Weise Menschen investieren in diesen Bereich rechtzeitig und regelmäßig.

Die meisten Leser werden bei diesen vier Punkten spüren, dass sie von einem ausbalancierten Leben ein ganzes Stück entfernt sind.

Mehrere Industriezweige leben davon, den Schaden zu reparieren, der durch mangelnde Balance entsteht. Stehen Sie so unter Strom, dass Sie sich falsch ernähren? Kein Problem: Zeitschriften mit Fastenkuren, Nahrungsmittelhersteller mit diätetischen Produkten und Fitnessstudios nehmen sich Ihrer an ...

Karriereorientierte Menschen (insbesondere solche männlichen Geschlechts) opfern allzu leicht Beziehungen, um beruflich voranzukommen. Die Familie hat darunter in der Regel am stärksten zu leiden. Vielen wird das erst bewusst, wenn es bereits zu spät ist. Überlegen Sie deshalb bei jedem Karrieresprung, inwiefern er Ihnen die Balance nimmt. Werden Sie noch Zeit finden, mit Ihrem Partner tief gehende Gespräche zu führen? Bekommen Sie die Entwicklung Ihrer Kinder dann nur noch durch aktualisierte Familienfotos auf Ihrem Schreibtisch mit? Grundsätzlich gilt: Kein Karrieresprung ist es wert, eine Ehe zu zerstören. Diesen Grundsatz müsste selbst akzeptieren, wer eher einer egoistischen Denkweise verfallen ist. Denn auch dieser Mensch ist vor schwerwiegenden Lebenskrisen – etwa einer schlimmen Krankheit oder Arbeitslosigkeit – nicht gefeit. Wer wird ihm hel-

fen, diese Krise zu meistern, wenn nicht der Partner, mit dem er alt werden wollte?

Ähnlich unbalanciert gehen Menschen mit ihrem Körper, ihrer Seele, ihrem Geist um. Viele Herz-Kreislauf-Erkrankungen wären vermeidbar, wenn die Betroffenen auf Bewegung und Ernährung achteten. Der Geist kann selbst in anspruchsvollen Berufen verkümmern, wenn er nur mit fachspezifischem Gedankengut gefüttert wird. Muten Sie sich mal wieder ein anspruchsvolles Stück Weltliteratur zu! Lernen Sie eine neue Sprache! Stellen Sie Ihre Ansichten über Gott und die Welt einmal radikal infrage!

Wie bei den Beziehungen gilt auch hier: Erst in großen Lebenskrisen nehmen wir unsere Defizite wahr. Wenn ich mich nur über mein Einkommen definiere – was mache ich dann, wenn ich den tollen Job verliere? Wie verkrafte ich den Eintritt in den Ruhestand, wenn Arbeiten mein einziger Lebensinhalt gewesen ist?

Die Praxen von Ärzten, Psychotherapeuten und Scheidungsanwälten zeigen tagtäglich, dass Überlegungen zu einem Leben in Balance keineswegs ein Luxus grüblerischer Menschen sind. Balance ist vielmehr lebensnotwendig, wenn man nicht vom Sturm einer Krise weggefegt werden will. Aus persönlicher Erfahrung, aber auch aufgrund unserer Begegnungen in Seminaren und Coachings sehen wir heute klarer denn je, wie verheerend sich ein auf Karriere reduziertes Denken auf eine Biografie auswirkt.

Damit keine Missverständnisse aufkommen: Wir sagen ja zur Leistungsgesellschaft, ja zu Spitzenleistungen am Arbeitsplatz. Gleichzeitig wissen wir, dass diese Leistungen in einem unbalancierten Leben nicht von Dauer sein können. Ein Spitzenmanager, der wegen seiner Herzoperationen wochenlang ausfällt, beeindruckt uns ebenso wenig wie eine Top-Geschäftsführerin, die ihre Arbeit wegen eines quälenden Scheidungsverfahrens monatelang »mit angezogener Handbremse« erledigt.

Tun Sie deshalb alles, um die Balance nicht zu verlieren. Wir empfehlen Ihnen auf jeden Fall, Visionen nicht nur für Ihr berufliches Umfeld zu entwickeln. Damit Leben langfristig gesund geschehen kann, braucht es regelmäßig Vision und Aktion in allen zentralen Lebensbereichen.

Wünsche denken ist Wunschdenken?

Es ist kein Zufall, dass in Märchen und Legenden immer wieder gute Feen oder Geister aus der Flasche auftauchen, die einem Menschen versprechen, ihm einen Wunsch zu erfüllen. Wir alle stecken voller ungestillter Sehnsüchte und Wünsche. »Wunschlos glücklich« – das ist eine Fiktion. Menschen ohne Wünsche sind tot (oder unehrlich). Viele leiden eher unter dem anderen Extrem: einem Getriebensein von Wünschen ohne die Fähigkeit, den Augenblick genießen zu können. Was für Wünsche, was für Träume haben Sie?

Interessant ist, dass selbst in alten biblischen Texten Wünsche eine wichtige Rolle spielen. Etwa bei Abraham, der sich ein Kind wünscht. In einem der Psalmen Davids heißt es: »Habe deine Freude an Gott, und er wird dir geben, wonach dein Herz sich sehnt.« Natürlich gibt es auch zerstörerische Wünsche. Aber zu einem erfüllten Leben gehört ein gesunder Umgang mit Wünschen.

Was wünschen Sie sich? Jedes Mal, wenn ich diese Frage meinen Kindern stelle, fangen ihre Augen an zu leuchten, und sie sind selten um eine Antwort verlegen. Vielleicht ist ihr Wunschhorizont manchmal etwas auf die Spielzeugebene und »Habenwollen« beschränkt, aber das lässt sich mit ein wenig Übung erweitern. Fragen Sie doch mal Kinder, was sie sich sonst noch alles wünschen – von ihren Eltern, den Politikern, unserer Gesellschaft. Es gibt faszinierende Bücher mit Kinderwünschen.

Manchmal scheint es, als ginge die Fähigkeit des Wünschens mit den Kinderjahren verloren. In unseren Breitengraden scheint dies eher eine kulturelle Prägung zu sein, denn bei internationalen Workshops gab es auffallende Unterschiede zwischen den Nationalitäten. Während wir Deutschen noch darüber philosophieren, ob man überhaupt Wünsche haben darf und wie sinnvoll dies ist, haben andere schon lange Listen erstellt. Ich entdecke bei uns immer Angst und sehe, dass die Enttäuschung über unerfüllte Wünsche als Argumentation gegen Wünsche überhaupt benutzt wird. Aber wenn Sie schlechte Erfahrungen mit bestimmten Speisen machen, hören Sie doch auch nicht generell auf zu essen. Deshalb machen wir Ihnen nochmals Mut zum Wünschen. Jetzt dürfen Sie in Ihren Träumen abheben – im nächsten Kapitel setzen wir dann wieder zur Landung an.

Workshop: Meine wichtigsten Träume und Wünsche im Wettstreit

Nicht jeder Wunsch ist dazu da, erfüllt zu werden. Manches ist und bleibt ein Traum, und das ist gut so! Aber was für Träume schlummern in Ihnen – über Ihr berufliches Leben, Menschen, denen Sie Gutes tun wollen, Ihre Zielgruppen, Ideen von Dingen, die Sie erreichen wollen?

Das bewusste Wahrnehmen ist dabei ein wichtiger Schritt. Nicht von ungefähr sehen Wissenschaftler in einem ungesunden Umgang mit Wünschen eine Basis für Suchtgefährdung.

Wir schlagen Ihnen folgende Schritte vor:

1. Listen Sie in der Tabelle auf Seite 132 alle Wünsche auf, die Ihnen einfallen – von der neuen Waschmaschine über die Weltreise bis hin zu Ihrem Traumberuf und Wünschen und Träumen für Ihr Leben.
2. Nutzen Sie jetzt die Analysespalte, um den Hintergrund Ihrer Wünsche zu beleuchten. Welche angenehmen Gefühle verbinden Sie

mit diesem Wunsch? Wenn Sie beispielsweise Reichtum als Wunsch eingetragen haben – geht es Ihnen dabei vor allem um die Unabhängigkeit von anderen Menschen oder um das Privileg, Luxus genießen zu können?

Wunsch	**Was motiviert Sie, spricht Sie daran an?**

Während Sie gerade eben die Wünsche notiert haben, die Ihnen spontan eingefallen sind, können Sie nun auf Seite 134 gezielt auf Entdeckungsreise gehen. Neun aufgelistete Lebensbereiche helfen Ihnen, auch den weniger beachteten Wünschen auf die Spur zu kommen. Im Beispiel sehen Sie, was mögliche Wünsche sind.

Lebensbereich	Wunschliste
familiär	– drei liebe, gesunde Kinder – einen wunderbaren Ehepartner
finanziell	– mit 40 finanziell unabhängig sein – am Lebensende Multimillionär sein
geistig	– alle Werke von Goethe gelesen haben – alle großen Dichter und Denker kennen
sportlich	– einen Marathon mitgelaufen sein – mit 60 noch fitter sein als heute
gesellschaftlich	– hohes gesellschaftliches Ansehen – viele Freunde
geistlich	– fester Glauben an Gott – Jesus Christus und sein Wirken besser verstehen
beruflich	– eine steile und stetige Karriere – Spaß an der Arbeit haben
Freizeit	– eine Angelhütte an einem See in Norwegen – ein Wohnmobil für Touren durch Europa
Sonstiges	– einen Hund als Haustier – eine große Villa – einen Mercedes (S-Klasse) – gute Gesundheit – eine Weltreise

Lebensbereich	**Wunschliste**
familiär	
finanziell	
geistig	
sportlich	
gesellschaftlich	
geistlich	
beruflich	
Freizeit	
Sonstiges	

Wenn Sie wissen wollen, wo Sie wirklich stehen, dann stellen Sie sich folgendem Workshop. Er wird Ihnen Ihre wahre Priorität im Leben zeigen – und zwar durch das K.-o.-System. Betrachten Sie Ihre Träume und Wünsche, die Sie auf Seite 134 formuliert haben, im Wettstreit. Nur einer kann gewinnen. Aufgepasst: Es geht nicht darum, bestimmte Bereiche gegeneinander auszuspielen (zum Beispiel Familie gegen Beruf). Es geht um das Gedankenexperiment: Wenn es in Ihrem Leben hart auf hart käme und Sie aus irgendwelchen Gründen zwischen zwei Wünschen wählen müssten – für welchen würden Sie sich entscheiden?

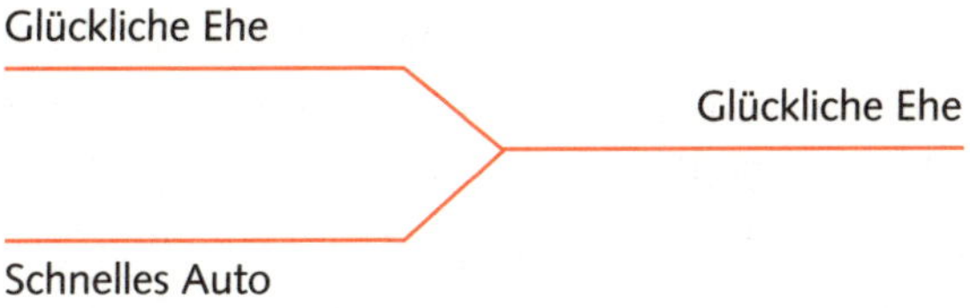

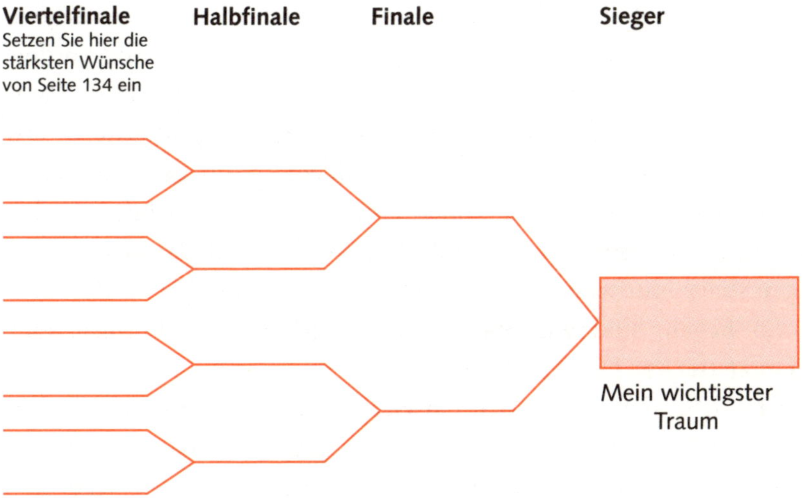

Leben mit Ziel(-foto)

Damit die Entfaltung und das Ausleben Ihres Potenzials und Ihrer Träume nicht Hirngespinste bleiben, müssen sich daraus konkrete Visionen entwickeln, denn auch diese treiben uns an und motivieren uns zu Spitzenleistungen. Das zeigt folgende Geschichte: Ein Mann kam an eine Baustelle, an der drei Bauarbeiter mit der gleichen Tätigkeit beschäftigt waren. Er ging zum ersten mit der Frage, was er denn hier mache. »Du siehst doch, ich arbeite hier mit meinem Hammer«, war seine gelangweilte Antwort. Er ging zu dem zweiten Arbeiter und fragte, was er denn hier mache. Dieser antwortete mürrisch: »Ich arbeite an einem Spitzbogenfenster!« Der Dritte erklärte dagegen mit einem Strahlen: »Wir bauen eine Kathedrale!« Das Leuchten in seinen Augen verriet die Kraft, die ihm seine große Vision gab. Ein aufschlussreiches Bild, das uns vor Augen stellt: Nur wenn wir den Sinn, das angepeilte Ziel im Bewusstsein haben, sind wir wirklich leistungsfähig und können auch Durststrecken leichter überwinden.

Es ließe sich sogar noch ein vierter Arbeiter denken, der nicht nur die Kathedrale sieht, sondern das, was dieses Bauwerk für die Menschen bedeutet. »Wir arbeiten an etwas, was unsere Stadt und die Menschen in unserer Stadt für immer verändern wird«, setzt er an ... Und er malt mit Worten ein Bild von der Wirkung der Kathedrale auf das Leben der Menschen, die Veranstaltungen, die dort

Auf die Vision kommt's an.

stattfinden, und wie diese die Menschen und die Gesellschaft nah und fern positiv beeinflussen.

An was bauen Sie mit Ihrem Leben? Ihre Vision darf anspruchsvoll und groß sein! Sie sollte etwas mit Ihrem Potenzial zu tun haben. Auch hier kommt es darauf an, am Anfang das Ende im Blick zu haben. Was wollen Sie am Ende Ihres Lebens erreicht haben?

Workshop: Zielfoto – Die Lebensvision entdecken

Stellen Sie sich vor, Sie feiern Ihren 85. Geburtstag. Viele Verwandte, Freunde, Begleiter auf Ihrem Lebensweg sind gekommen. Man lässt Sie hochleben, und es gibt verschiedene Redner, die eine Laudatio halten. Ihr Ehepartner tritt vor, Ihr ehemaliger Chef, Ihre Kinder, ein Freund, der Nachbar. Was sollen diese ehrlich über Sie sagen? Was hat Sie ausgezeichnet? Sollten Sie nicht verheiratet sein oder keine Kinder haben, ersetzen Sie die Personen einfach durch andere, die in Ihrem Leben eine Schlüsselrolle spielen. Nehmen Sie ein Blatt Papier und setzen Sie dort die verschiedenen Geburtstagsreden auf. Gerne können Sie sie auch in unten stehende Tabelle eintragen. Es ist hilfreich, zuerst Aussagen zu formulieren und danach zu überlegen, welche Werte dahinter stecken.

Sie können diese Übung auch variieren, indem Sie sich in folgende Situation hineindenken: Es ist nicht Ihr 85. Geburtstag, sondern Ihre eigene Beerdigung. Verschiedene Weggefährten treten an Ihr Grab und sprechen darüber, was Ihr Leben ausgemacht hat. Was werden diese Menschen sagen?

Beschreiben Sie bitte in Stichpunkten:

Person	**Zielfoto: Welche Aussage würden Sie sich wünschen?**	**Was würde die Person sagen, wenn sie ehrlich ist?**
(Ehe-)Partner		

Ältestes Kind		
Freund		
Arbeitskollege		

Diese Übung zeigt: Es ist nicht einfach, unsere Zukunft zu beschreiben. Doch nur wenn uns das gelingt, können wir diese Zukunft auch selbst bestimmen. Wie können Sie aus den von Ihnen notierten Reden nun eine Vision gewinnen? Wir schlagen Ihnen im Folgenden drei Möglichkeiten vor:

- Sie formulieren Ihre Vision in Worten.
- Sie stellen ein (Foto-)Album zusammen, das Bilder Ihrer Vision enthält.
- Sie zeichnen selbst ein Bild (das geht leichter, als man denkt).

Die Vision in Worte fassen

Für Menschen, die mit dem Visualisieren Schwierigkeiten haben, ist sicher der Weg über die Sprache der bessere. Fassen Sie Ihre Vision in Worte und beachten Sie dabei die Schlüsselelemente einer guten, anziehenden und energiespendenden Lebensvision:

- Sie ist schriftlich verfasst.
- Sie ist in der Gegenwartsform geschrieben, als ob sie bereits erreicht wäre.
- Sie deckt alle Bereiche wie Beruf, Familie, Freizeit und so weiter ab.
- Sie ist gefüllt mit beschreibenden Details.

Ein Beispiel: Meine Lebensvision ist es, Freund zu sein für meine Frau, meine Kinder, meine Mitarbeiter. Ich unterstütze sie dabei, ihr Potenzial zu entdecken, zu entfalten und zu leben. Ich jogge mindestens zweimal wöchentlich, um mit 60 noch fitter zu sein als heute. Mindestens einmal in meinem Leben laufe ich einen Marathon mit.

Und was ist Ihre Lebensvision? Formulieren Sie sie auf einem separaten Blatt, wenn Sie sich für diese Variante der Darstellung entscheiden.

Das Fotoalbum Ihres Lebens

Sie können auch den zweiten Weg gehen und sich ein leeres Fotoalbum kaufen. Sammeln Sie Artikel, Illustrierte, Zeitschriften, Fotos, Dinge, die Sie im Hinblick auf Ihre Zukunft inspirieren. Wann immer Sie nun Zeit haben, zum Beispiel an Ihrem nächsten Dreamday, gehen Sie Ihre Unterlagen durch und schneiden alles aus, was Sie spontan anspricht. Sortieren Sie Ihr Material und kleben Sie es geordnet in Ihr Album. Beginnen Sie beispielsweise mit dem Thema Haus/Wohnung, kommen Sie dann zu Urlaub/Reisen, ein weiteres Thema könnten inspirierende Artikel zum Thema Partnerschaft sein oder über sinnerfülltes Leben.

Wenn Sie viele gute einzelne Wünsche und Träume haben, die sich aber noch nicht so ohne weiteres zu einem großen Ganzen zusammenfügen lassen, dann probieren Sie doch einmal folgende Methode aus:

- Kaufen Sie sich ein ganz einfaches Fotoalbum (ist in jedem Kaufhaus preiswert zu haben).
- Sammeln Sie alte Zeitschriften, Illustrierte und Kataloge.
- Holen Sie sich im Reisebüro Prospekte aller Länder, für die Sie sich interessieren.
- Wann immer Sie Zeit haben (abends, in der Pause oder an Ihrem Dreamday), gehen Sie diese Unterlagen durch und schneiden alles aus, was Sie spontan anspricht.
- Kleben Sie die Bilder und Texte nach Themen sortiert in Ihr Album ein.
- Beginnen Sie zum Beispiel mit dem Thema Haus/Wohnung, fahren Sie fort mit Urlaub/Reisen, dann mit Hobbys, Freunden, Haustieren und so weiter.
- Überarbeiten Sie das Fotoalbum regelmäßig. Wann immer Ihnen ein Bild in die Hände fällt, das ein Detail Ihres Traumes besser darstellt als das vorhandene, ersetzen Sie das alte.
- Nach und nach gewinnen alle Bereiche Ihrer Vision an Farbe und Klarheit, bis Sie irgendwann einmal das Album aufschlagen und denken: »Genau so soll mein Leben einmal aussehen!«

Die Landkarte Ihres Lebens

Für viele rechtshirnig angelegte Menschen (die also mehr mit Formen, Farben, Emotionen arbeiten anstatt mit Worten und Zahlen) ist es möglicherweise leichter, ihr Zielfoto anhand einer Zeichnung zu entwickeln. Eine solche »Landkarte des eigenen Lebens« darf ruhig einfach ausfallen. Versuchen Sie, ein Bild zu malen. Lassen Sie es vor Ihrem inneren Auge entstehen, bringen Sie es dann auf Papier. Das muss bei weitem kein Kunstwerk sein oder originalgetreue Größenverhältnisse wiedergeben. Es geht vielmehr darum, den Verlauf des eigenen Lebens spielerisch zu skizzieren. Wenn Sie kein großer Zeichner sind, arbeiten Sie mit Strichmännchen oder Symbolen. Das Malen aktiviert andere Bereiche Ihres Gehirns und hilft Ihnen, sich andere Dinge besser bewusst zu machen, als wenn Sie nur versuchen, es in Worte zu verpacken.

Hier ein Beispiel:

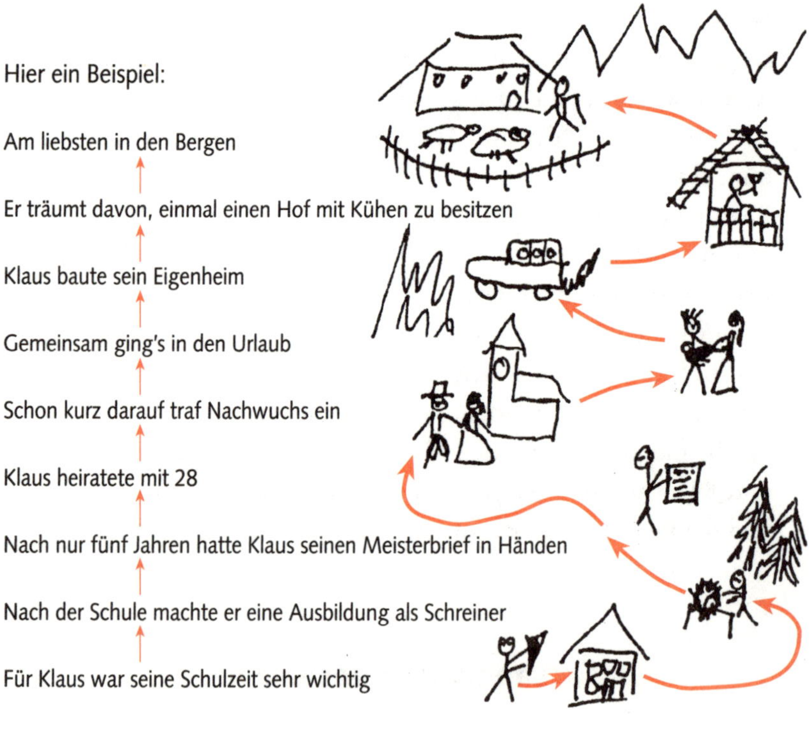

Eine »Landkarte des Lebens«

Wie Visionen reifen

Visionen wachsen und reifen, sie entwickeln sich im Laufe eines Lebens. Wir empfehlen Ihnen, sie regelmäßig, zum Beispiel jährlich zu überarbeiten. In vielen Führungskräfte-Coachings haben wir beobachtet, welch eine positive Dynamik entsteht, wenn Visionen nicht eine einmalige Aktion bleiben, sondern sich entwickeln und reifen können.

Es gibt in der Geschichte erstaunliche Beispiele dafür, wie eine Vision einem ganzen Leben Richtung gegeben hat. Margret Thatcher lebte bis zu ihrem 21. Lebensjahr über der Kolonialwarenhandlung des Vaters. Es ist überliefert, dass sie beim Blick aus dem Fenster die Menschen beobachtete und zu träumen begann, wie sie eines Tages für diese Menschen Politik machen würde.

Adriano Olivetti, ein junger Italiener, stand als Student an einem Herbsttag vor dem Underwood-Werk in Connecticut/USA und starrte auf die roten Ziegelgebäude. Underwood war damals der größte und bekannteste Hersteller in der Schreibmaschinenbranche. Eines Tages, so träumte Adriano, würde ihm ein solches Werk gehören, und der Name Olivetti würde für die gleiche Qualität bürgen wie Underwood. 34 Jahre später kam Adriano wieder nach Amerika und kaufte für 8,7 Millionen Dollar Underwood auf. Sein Lebenstraum hatte sich erfüllt.

Wir wollen an dieser Stelle nicht verschweigen, dass es für Träume und Visionen auch Grenzen geben kann. Wir warnen vor einem falschen Machbarkeitswahn, von dem manche Motivationstrainer ergriffen sind. Der in Amerika zirkulierende Spruch »If you can dream it, you can do it« (»Kannst du es träumen, dann kannst du es auch machen«) ist in dieser Absolutheit falsch. Ein 60-Jähriger hat keine Chance mehr, Profifußballer zu werden; in diesem Punkt muss er seine natürlichen Grenzen akzeptieren. Verfehlte Visionen stürzen Menschen, die trotz eines großen Traums und noch größerer Anstrengungen ihr Ziel nicht erreichen, in Selbstzweifel und Schuldgefühle. Die übergroße Vision, die zuerst inspirierend war, erweist sich dann als lähmend – weil der Visionär in seinem Inneren spürt, dass er sie nie erreichen wird. Nichts gegen große Visionen, aber rechnen Sie damit, dass der Weg dorthin steinig ist und dass die Welt eine erstaunliche Menge an Kräften aufbietet, Sie zu Fall zu bringen.

Ihr privates Grundgesetz: das Mission Statement

Agenten sind in geheimer Mission unterwegs, Diplomaten starten mitunter zu schwierigen Missionen. Auch Sie haben eine »Mission«. Wozu sind Sie »geschickt« – im doppelten Sinn des Wortes? Das haben Sie durch Träume, Visionen und Zielfotos bereits ergründet. Um daraus eine Grundlage für Ihre Lebensplanung zu machen, hat sich die Formulierung eines so genannten Mission Statements für verschiedene Lebensbereiche als hilfreich erwiesen.

Ein Mission Statement ist am besten vergleichbar mit einem Artikel in der Verfassung eines Staates. Die darin enthaltene Aussage ist vielleicht manchmal etwas allgemein und visionär, aber sie gibt eine klare Zielrichtung vor. Wenn es beispielsweise im Grundgesetz

der Bundesrepublik Deutschland in Artikel 3 heißt: »Männer und Frauen sind gleichberechtigt«, dann ist das sicher noch keine Situationsbeschreibung für alle Lebensbereiche. Doch es bildet die Grundlage für Gesetzgebung und staatliche Entscheidungen. Letztlich muss sich alles, was in einem Staat geschieht, an seiner Verfassung messen lassen. Ein neues Gesetz, das einen Grundgesetzartikel missachtet, kann (und muss) vom Bundesverfassungsgericht für nichtig erklärt werden.

Schreiben Sie ein »Grundgesetz« für Ihr Leben. Ein Mission Statement

- ist der Versuch, Ihre Werte und Visionen in einem übergreifenden Kernsatz zum Ausdruck zu bringen;
- hat als Leitsatz und Lebensmotto die Aufgabe, Sie immer wieder kurz und prägnant an zentrale Werte und Ziele Ihres Lebens zu erinnern;
- bietet Orientierung und Motivation und bringt den Kern Ihres Lebens zum Ausdruck;
- kann zur Kontrollinstanz Ihrer Zeitplanung werden, denn wenn Sie Zeit für Dinge aufwenden, die Ihrem Mission Statement entgegenstehen, handeln Sie im Hinblick auf Ihre Vision »verfassungswidrig«.

Hier ein paar Beispiele für Mission Statements:

- Für den Beruf: *Ich gehöre auf meinem Fachgebiet inner- wie außerbetrieblich zu den Besten. Mein Engagement ist ein entscheidender Faktor dafür, dass meine Firma Erfolg hat.*
- Für die Partnerschaft: *Meine Entscheidung für einen (Ehe-)Partner bestätige ich jeden Tag, indem ich ihm/ihr meine Liebe in Worten und Taten bezeuge.*
- Für das ganze Leben: *Meine Mission ist es, glaubwürdig und integer zu handeln und das Leben anderer Menschen spürbar zu verbessern.*

Wie könnte Ihr Mission Statement aussehen? Schreiben Sie auf, was Sie mit Ihrem Leben bewirken oder erreichen wollen, welchen Nutzen Sie stiften möchten. Möchten Sie durch Ihr Tun die Welt etwas »besser« oder »wertvoller« verlassen, als Sie sie betreten haben? Welchen Beitrag möchten Sie leisten in Ihrer Firma, für die Gesellschaft, die Kirche, Ihre Kinder? Achten Sie in diesem Prozess genau auf Ihre Gefühle! Der Psychotherapeut Victor Frankl vertrat die Überzeugung, dass wir unsere Lebens»mission« nicht erfinden, sondern aufspüren. Mit anderen Worten: Was wir als Aufgabe und Ziel für unser Leben betrachten, steckt bereits in uns. Wir müssen es nur aufdecken und erkennen.

Wir kennen Menschen, die für jeden ihrer zentralen Lebensbereiche je ein Mission Statement haben, andere besitzen eines für ihr gesamtes Leben. Hier gibt es kein Richtig oder Falsch. Allerdings sollten Sie nicht mehr als fünf bis acht Lebensbereiche mit einem Mission Statement versehen, weil sonst die Gefahr besteht, dass die anspornende Wirkung verloren geht. Sie können beispielsweise je ein Mission Statement für Ihren Beruf, Ihre Ehe, Ihre Familie und Ihr ehrenamtliches Engagement schreiben.

Ein guter Bekannter hatte für seine Ehe den Leitspruch: »Meine Frau, meine beste Freundin.« Für den beruflichen Bereich lebte er als Chef das Mission Statement seiner Firma. Die Beziehung zu seinen Kindern überschrieb er mit den Worten: »Familie, die Spaß macht; gemeinsam leben, lachen & lernen fürs Leben.« Das Mission Statement soll Ihre Vision beschreiben; noch besser wird es, wenn eine motivierende Kraft von diesem Leitsatz ausgeht. Es ist ein Unterschied, ob Sie formulieren »Ich engagiere mich für den Erhalt meiner Ehe«, oder ob Sie schreiben »Ich behandle meinen Partner, als hätte ich mich frisch in ihn verliebt«.

Gibt es einen zentralen Satz, der über allem in Ihrem Leben steht? Was soll auf Ihrem Grabstein stehen? Falls Ihnen der Friedhof noch zu weit weg erscheint: Was wäre Ihnen wichtig, wenn Sie nur noch ein halbes Jahr zu leben hätten? Gehen Sie nochmals durch Ihre Wünsche, Träume und Visionen. Was ist das Zentrale? Was sehen Sie sich am liebsten tun? Was erfüllt Sie mit Leidenschaft? Wenn Zeit und Geld keine Rolle spielten, was würden Sie allzu gerne tun? Welche Tätigkeiten haben für andere den größten Nutzen, beruflich wie privat?

Workshop: Meine Mission – wozu bin ich hier?

Schreiben Sie auf, was Sie in Ihrem Leben bewirken oder erreichen, welchen Nutzen Sie stiften möchten. Wollen Sie durch Ihr Tun die Welt etwas besser oder wertvoller wieder verlassen, als Sie sie betreten haben? Möchten Sie hierzu eher einen kleinen oder einen großen Beitrag leisten: für sich, für andere, für die Gesellschaft oder die Menschheit? Denken Sie einmal darüber nach und beantworten Sie folgende Fragen:

1. Wenn ich manchmal so vor mich hinträume, was sehe ich mich da am liebsten tun?

   ____

   ____

   ____

2. Angenommen, ich hätte mit dem, was ich tue, auf jeden Fall Erfolg – was wäre das?

   ____

   ____

   ____

3. Wenn Zeit und Geld keine Rolle spielten, was täte ich dann am liebsten?

   ____

   ____

   ____

4. Welche Tätigkeiten in meinem Berufsleben haben für andere den größten Nutzen?

   ____

   ____

   ____

5. Welche Tätigkeiten in meinem Privatleben haben für andere den größten Nutzen?

   ____

   ____

   ____

Ein gutes Mission Statement hat fünf Eigenschaften. Es ist

- persönlich,
- positiv,
- verfasst in der Gegenwartsform,
- visualisierbar und
- emotional.

Für Ihr berufliches Mission Statement als Führungskraft wäre folgende Aussage eher ungünstig: »An meinem Arbeitsplatz soll möglichst niemand belastet werden und niemand in Ausübung seiner Tätigkeit behindert werden.« Sie merken es: Diesem Mission Statement fehlt die Kraft. Wie wäre es stattdessen mit »Ich kämpfe täglich dafür, dass meine Mitarbeiter mit einem Lächeln auf den Lippen arbeiten und ihr Potenzial am Arbeitsplatz entfalten können.« Die erwünschten Elemente sind enthalten: »Ich (persönlich) kämpfe täglich (Gegenwartsform) dafür (positiv), dass meine Mitarbeiter mit einem Lächeln auf den Lippen (visuell/emotional) arbeiten können und ihr Potenzial am Arbeitsplatz entfalten.« Verstehen Sie das bitte richtig: Die Formulierung dieses Satzes wird aus Ihrer Abteilung keine grinsende Versammlung machen. Wenn Sie diesen Satz aber verinnerlicht haben, werden Sie sich jeden Tag aufs Neue überlegen, wie Sie Ihren Mitarbeitern heute gerecht werden, wie Sie mit ihnen Hinderliches aus dem Weg schaffen und tatkräftig dazu beitragen, dass Ihr Team Lust an der Arbeit hat.

Wenn Sie sich jetzt an den Workshop machen, prüfen Sie bei Ihren Entwürfen, ob Sie die fünf Elemente finden. Vielleicht gelingt Ihnen das nicht auf Anhieb. Das macht nichts. Ihr Mission Statement ist etwas, woran Sie ein Leben lang feilen sollten. Wir wissen, wie schwierig es ist, ein paar überzeugende Worte zu finden, die es auf den Punkt bringen. Deshalb kann der folgende Workshop nur als Start dienen. In den kommenden Jahren werden Sie die Sätze immer wieder überarbeiten und spüren, wie Sie dem näher kommen, worum es Ihnen eigentlich geht.

Workshop: Mein persönliches Lebensmotto

Nicht alle kommen auf Anhieb mit der Aufgabe klar, ein persönliches Lebensmotto zu schreiben. Deshalb haben wir eine Einsteiger-Methode entwickelt. Das Ergebnis wird ein Lebensmotto sein, das eher einem ungeschliffenen Diamanten gleicht. Mit etwas Geduld machen Sie daraus durch Überarbeitungen einen funkelnden Edelstein.

1. Welches ist Ihr persönlicher »wichtigster Traum«? (Sie haben ihn auf Seite 135 ermittelt) Schreiben Sie diesen nun hier auf:

Dieser Wert stellt das Puzzlestück Nummer 1 dar.

2. Hier ist eine Liste von Verben (bitte ergänzen Sie):

annehmen	beitragen	arbeiten	wertschätzen
bestätigen	führen	applaudieren	unterstützen
geben	verblüffen	lernen	______
inspirieren	folgen	ermuntern	______
erreichen	lieben	helfen	______
hinterlassen	hinterfragen	erzielen	______

Meine drei kraftvollsten, bedeutungsvollsten und ansprechendsten Verben:

			Diese Verben stellen das Puzzlestück Nummer 2 dar.

3. Welche Gruppe, Gemeinschaft, Person oder welcher Zweck ist es, für die/den Sie leben? Hier wieder eine kleine Liste als Anregung und zum Ergänzen:

Leben	Treue	Freiheit	Träume
Einstellung	Möglichkeit	Hinterlassenschaft	Hoffnung
Gerechtigkeit	Wohlstand	Mut	____________
Inspiration	Entwicklung	Ehrgeiz	____________
Beitrag	Menschlichkeit	Werte	____________
Menschheit	Freundeskreis	Liebe	____________

Suchen Sie wieder die eine Gruppe, Person oder den einen Zweck heraus, die/der Ihnen am meisten bedeutet:

	Dieses wird nun zu Puzzlestück Nummer 3.

Ihr Lebensmotto sieht dann so aus:

Mein Lebensmotto ist es, [Puzzlestück Nummer 1] zu [Puzzlestück Nummer 2], zu [Puzzlestück Nummer 2] und zu [Puzzlestück Nummer 2], um/für [Puzzlestück Nummer 3].

Hier einige Beispiele:

- »Mein Lebensmotto ist es, eine Umgebung des Wachstums und der Herausforderung zu schaffen, zu pflegen und zu unterhalten für alle Menschen um mich herum.«
- »Mein Lebensmotto ist es, Innovation zu erreichen, Kooperation zu unterstützen und Vertrauen zu gewinnen für alle, denen ich diene.«

- »Mein Lebensmotto ist es, den Sonnenaufgang einzuatmen, unter jedem Stein zu suchen nach dem Glück, das das Leben zu bieten hat.«
- »Mein Lebensmotto ist es, Liebe, Vertrauen und Ehrlichkeit aufrechtzuerhalten, zu entdecken und zu unterstützen in all meinen Beziehungen.«

Erfinden Sie Ihr Leben neu!

Wir haben uns im vorigen Kapitel auf die Suche nach unserem Potenzial gemacht, dem Baumaterial für die Zukunft. Nachdem Sie im vorangegangenen Abschnitt Ihr »Zielfoto« angefertigt haben, können wir nun einen Schritt weiter gehen. Im nachfolgenden Bild sehen Sie

Wie weit sehen Sie auf Ihrem Lebensweg?
Haben Sie den siebten Horizont im Blick?

eine Landschaft, die durch den Horizont begrenzt wird. Das Zielfoto entspricht dem Punkt, wo Himmel und Erde sich berühren – dem Horizont. Aus Erfahrung wissen wir, dass gerade dieser Punkt für die meisten Menschen verschwommen im Nebel liegt. Der Horizont beschreibt ja, wie weit wir sehen können. Wer einen sehr engen Horizont hat, sieht kaum über einen Tag hinaus. Einen weiteren Horizont hat jemand, der Woche, Monat oder Jahr im Blick hat. Unser Anliegen ist es, Ihren Blick so weit wie möglich in die Ferne zu lenken.

1. Horizont: Der Tag Typischerweise haben wir den Tag fest im Blick. Was muss heute erledigt und getan werden?
2. Horizont: Die Woche Viele planen nach dem Wochenrhythmus, da dieser einen guten Überblick verschafft und eine sinnvolle Einheit von Arbeit und Ruhe umfasst.
3. Horizont: Der Monat Im Monatsrhythmus werden in der Regel nur Termine gemacht, aber keine Ziele festgelegt.
4. Horizont: Das Jahr Eigentlich der ideale Planungszeitraum. Doch nur 3 Prozent der Menschen haben konkrete Ziele für das Jahr geplant.
5. Horizont: Die 7-Jahres-Periode, in der Sie momentan leben Aus einem früheren Kapitel wissen Sie, dass wir das Leben in Siebener-Perioden unterteilen. Wann hat die Periode begonnen, in der Sie derzeit leben? Wann geht sie zu Ende? Welche Überschrift haben Sie ihr gegeben?
6. Horizont: Zukünftige Perioden Wie viele Siebener-Perioden haben Sie voraussichtlich noch vor sich? Welche Überschriften würden Sie ihnen geben?
7. Horizont: Das Zielfoto (Vision) Was soll ganz am Ende Ihres Lebens stehen? Können Sie das emotional und farbig beschreiben? Welches Erbe wollen Sie hinterlassen?

Um das Leben selbstbestimmt zu strukturieren, sind diese Horizonte hilfreich. Im folgenden Workshop geht es um die Horizonte 5, 6 und 7.

Workshop: Meine zukünftigen Lebensperioden

- Markieren Sie, wo Sie heute stehen!
- Welche Überschrift würden Sie der Periode geben, in der Sie derzeit leben?
- Welche Überschrift würden Sie der nächsten Periode geben?
- Welche Überschriften würden Sie den noch weiter in der Zukunft liegenden Perioden geben?

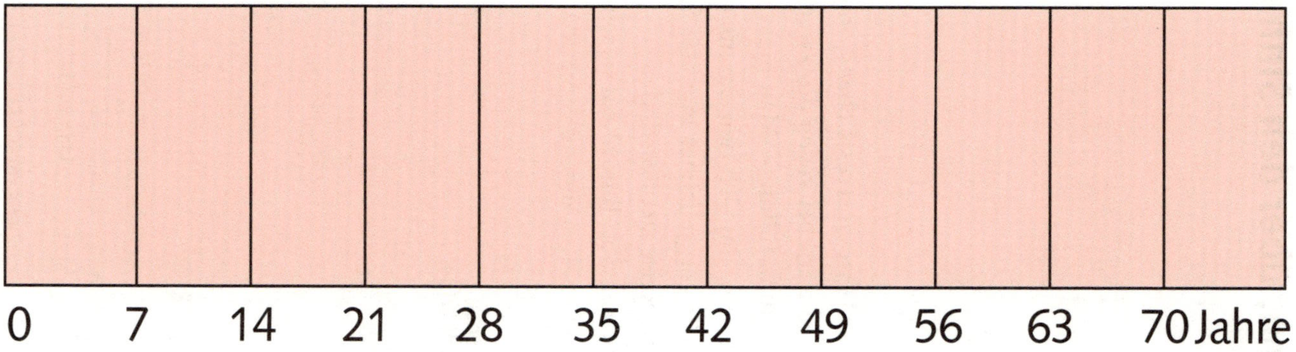

Vom Sinn, über den Sinn nachzudenken

Steht die erste Hälfte unseres Lebens unter dem Etikett »Streben nach Erfolg«, so trägt bei vielen die zweite Hälfte die Überschrift »Streben nach Sinnerfüllung«. Man muss nicht erst in die Midlife-Crisis geraten sein, um sich den daraus resultierenden Fragen zu stellen. Vielmehr gilt: Je früher man der Sinnfrage nachgeht, desto leichter ist diese Krise zu überwinden.

Der Amerikaner Bob Buford hat in seinem Bestseller *Half-Time* diese zwei Lebenshälften anhand von Siebener-Perioden beschrieben:

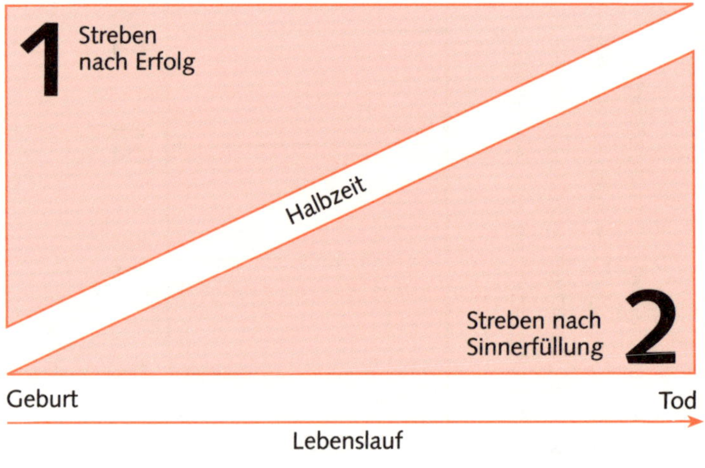

Die zwei Lebenshälften

21–35 Jahre (Periode 4 und 5): erste Halbzeit
35–49 Jahre (Periode 6 und 7): Halbzeitpause
49–63 Jahre (Periode 8 und 9): zweite Halbzeit

Im Gegensatz zum richtigen Fußballspiel wird die erste Halbzeit nach anderen Regeln gespielt als die zweite. Es ist in Ordnung, in der ersten Halbzeit in Rückstand zu geraten. Entschieden wird das Spiel erst in der zweiten Halbzeit. Deshalb ist es entscheidend, die Spielregeln der zweiten Halbzeit zu beherrschen.

Worum es in den Lebenshälften geht

Grundfragen der Menschheit

Die Frage nach dem Sinn des Lebens ist so alt wie die Menschheit. Zu allen Zeiten haben unsere Vorfahren sich gefragt, was sie eigentlich auf dieser Welt zu suchen haben. Die drei Grundfragen der Menschheit sind:

- Wo komme ich her?
- Wo gehe ich hin ?
- Wozu ist das Leben da?

Jostein Gaarder hat in *Sofies Welt* die elementaren Fragen, welche die Philosophen durch die Jahrtausende hindurch beschäftigt (und oft geradezu gequält) haben, folgendermaßen zusammengefasst:

- Wie wurde die Welt erschaffen?
- Liegt hinter dem, was geschieht, ein Wille oder Sinn?
- Gibt es ein Leben nach dem Tod?
- Wie sollten wir leben?

Das sind große Fragen für ein kleines Menschenleben. Eine deutsche Illustrierte hat einen Reporter einmal quer durch Deutschland geschickt mit der Frage: »Können Sie mir vielleicht sagen, was der Sinn des Lebens ist?«

- Fleischwarenhändlerin Sieglinde antwortete: »Sinn? Was soll das denn sein?«
- Musiker Oliver sagte: »Das Wichtigste ist, mir selbst standzuhalten.«
- Die wissenschaftliche Mitarbeiterin Judith erklärte: »Der Sinn des Lebens, ja, pass mal auf, das ist so, quasi …«
- Antje, eine Studentin, erwiderte: »Spaß haben, Spaß haben, Spaß haben!«

Diese Reihe könnte man beliebig fortsetzen. Eines wird daraus deutlich: Die Frage nach dem Sinn ist nicht einfach zu beantworten. Für unser Vorhaben jedoch ist diese Fragestellung außerordentlich wichtig. Dieses Buch verspricht eine selbstbestimmte Zukunft, gelebt in Gelassenheit. Ein Leben in dieser Gelassenheit ist aber nur denkbar, wenn ich etwas habe, woran ich mich halten kann.

Im noch jungen dritten Jahrtausend spüren wir, dass unserer Kultur die Sinnfrage abhanden gekommen ist. Früher war in dieser Hinsicht alles einfacher: Institutionen wie Kirche und Staat gaben vor, was der Sinn unseres Lebens und unseres Handelns ist. Solche Autoritäten wurden kaum infrage gestellt. Der moderne Mensch versteht sich dagegen als autonom. Er akzeptiert die von außen an ihn herangetragenen Sinnstiftungen nicht ohne weiteres, daher muss er sich selbst auf die Suche nach dem Sinn seiner Existenz machen.

Dieser Suche wird in der modernen Industriegesellschaft nur wenig Bedeutung beigemessen. In den vergangenen Jahrzehnten hat der Materialismus die Oberhand gewonnen. Ihm genügt es, Sinn in der Höhe des monatlichen Gehalts, in der Zahl der Reisen, in der Größe des eigenen Hauses auszudrücken. Der Sinn im Materiellen trägt manche zwar für viele Jahre, aber fast niemanden für ein ganzes Leben. Die meisten Menschen wollen etwas Sinnvolles tun, was jenseits von Gewinnmargen Bedeutung hat.

Wir müssen wieder erkennen, dass Sinn einer der stärksten Motivationsfaktoren überhaupt ist. Er ist der Motor, der uns nachhaltig in Bewegung setzt und unserem Leben Dynamik verleiht. Wer einen überzeugenden Sinn in seinem Handeln sieht, der ist zu nahezu allem fähig. Überstunden, Sonderschichten, außergewöhnliche Anstrengungen und mancher Verzicht – das alles ist kein Problem für den, der weiß, warum es gut ist, diese Leistung zu bringen.

Workshop: Auf der Suche nach dem Sinn

»Das dritte Jahrtausend beginnt mit dem neuen Wissen: Menschen haben ein Recht auf Lebenssinn. Sinn ist ein Menschenrecht«, sagt Gertrud Höhler. Was ist für Sie der Sinn?

Meine Meinung:

☐ Das Leben ist sinnlos.

☐ Der Sinn des Lebens ist vorgegeben.

☐ Der Sinn des Lebens muss von mir selbst definiert werden.

☐ ______________________________

Meine Begründung:

____

____

____

Was gibt meinem Leben Sinn?

____

____

____

Aber warum ist die Frage nach dem Sinn denn überhaupt so wichtig?

Sie beschäftigt uns so sehr, weil wir es nur schwer ertragen können, völlig sinnlos auf dieser Erde zu sein. Wer nach sinnvollem Leben fragt, muss sich erst einmal darüber klar werden, was er unter »Leben« verstehen will, denn wir haben nur ein einziges. Alles andere kann man wiederholen. Wenn man durchs Abitur fällt, wiederholt man die 13. Klasse, wenn man das Examen nicht besteht, kann man die Prüfung noch einmal machen, wenn eine Ehe scheitert, wagen viele einen neuen Versuch. Nur wenn man sich am Ende seines Lebens den Vorwurf machen muss »Ich habe mich selbst nicht ernst genommen«, gibt es keine zweite Chance.

Ein Zitat aus unbekannter Quelle sagt:

> »Der Sinn des Lebens besteht darin, Sinnvolles zu tun. Sinnvoll ist die Beschäftigung, die für einen selbst oder andere Menschen, möglichst sogar für alle Menschen nützlich ist. Demnach besteht der Sinn des Lebens darin, nutzbringend zu wirken und für möglichst viele Menschen Mehrwert zu bieten und Gutes zu bewirken.«

Alfred Adler, der Begründer der Individualpsychologie, verwendet dafür ein treffendes Bild: »Sich selbst verwirklichen kann jemand eigentlich nur in dem Maße, wie er sich selbst vergisst, indem er sich selbst übersieht. Ist es nicht wie beim Auge, dessen Sehtüchtigkeit davon abhängt, dass es sich nicht selbst sieht? Wann sieht denn das Auge etwas von sich selbst? Doch nur, wenn es erkrankt ist: Wenn ich an einem grauen Star leide, dann sehe ich eine graue Wolke und nehme damit meine Linsentrübung wahr. Wenn ich an einem grünen Star leide, dann sehe ich einen Hof von Regenbogenfarben, rings um die Lichtquellen. Das ist mein grüner Star. In gleichem Maße ist aber auch die Fähigkeit meines Auges, die Umwelt wahrzunehmen, geschmälert und beeinträchtigt.«

Nur der Mensch, der sich selbst vergisst und nicht mehr wahrnimmt, macht offensichtlich Schritte in die richtige Richtung.

Wir wissen, dass wir Ihnen an dieser Stelle einiges zumuten. Doch jetzt sind Sie an der Reihe. Was denken Sie persönlich über den Sinn des Lebens? Die Antwort ist so wichtig, weil Sie darauf Ihr Leben aufbauen wollen. Menschen werden depressiv, lustlos und krank, wenn sie in ihrem Leben keinen Sinn mehr sehen. Entdecken sie ihn wieder, so werden sie manchmal über Nacht wieder gesund.

Es ist oft erschreckend, mit wie viel eingebauter Sinnlosigkeit Ziele gesetzt und Energien verschleudert werden. Die Konsequenz: wenig Freude, wenig bleibender Nutzen, endogene Neurosen, Alkohol zum Betäuben ... Sinnlosigkeit blockiert Energie, Sinn entfesselt Energie.

Als Heinrich VIII. von England auf dem Totenbett lag, ließ er seinen Hofnarren kommen. Der König sagte: »Freund, ich muss jetzt gehen.« »Wohin?«, fragte der Narr. »Das weiß ich nicht.« – »Wann kommt Ihr wieder?« – »Ich komme nicht wieder.« – »Wer geht mit Euch?« – »Niemand.« – »Habt Ihr Euch denn auf diese Reise vorbereitet?« – »Nein.« – Da nahm der Narr seinen Narrenstab und seine Narrenkappe, warf sie auf das Bett des Königs und erklärte: »Majestät, Ihr habt mir einmal gesagt, ich solle den Narrenstab dem Menschen geben, der ein größerer Narr sei denn ich. Ihr seid es, denn Ihr geht jetzt und wisst nicht wohin und habt keinen Begleiter.«

Bei Viktor Frankl kann man nachlesen: Nur wenn der Mensch einen Sinn findet, der über sein derzeitiges Leben hinausreicht, hat er einen tragfähigen Lebenssinn. Der Psychologe Mihaly Csikszentmihalyi, dessen »Flow«-Konzept bahnbrechend für die Glücksforschung geworden ist, legt dar, dass die Beantwortung der Sinnfrage für ein alle Lebensbereiche umfassendes Glücksgefühl von entscheidender Bedeutung ist, denn durch die Erkenntnis eines Lebenssinns entsteht Harmonie im Bewusstsein. »Bei jemandem, der seine Wünsche erkennt und sinnvoll auf deren Erfüllung hinarbeitet, stehen Gefühle, Gedanken und Handlungen miteinander in Einklang, und er hat daher innere Harmonie erreicht.« Die Sozialphilosophin Hannah Arendt geht sogar noch einen Schritt weiter. Vordergründige Wünsche für ein schönes Leben reichen ihrer Meinung nach für eine gelingende Sinnstiftung nicht aus. Wir brauchen »letzte Ziele« – Ziele, die über das Grab hinausreichen.

Wie finden wir diesen Sinn? Wer sich nicht auf die Suche macht, findet ihn nie. Wir müssen in dieser intimen Frage nach unserem Lebenssinn das Rad nicht neu erfinden – es sei denn, wir wären der Überzeugung, wir könnten an diesem Punkt von anderen nichts lernen. Glücksforscher Csikszentmihalyi bringt es auf den Punkt: »Die von unseren Ahnen unter schwierigen Umständen gesammelten Informationen darüber, wie man leben soll, zu missachten oder zu erwarten, man könne ganz allein ein lebensfähiges Zielsystem erfinden, ist fehlgeleitete Arroganz. Die Erfolgschancen sind ebenso gering wie bei dem Versuch, ein Elektronenmikroskop ohne die Werkzeuge und Erkenntnisse der Physik zu bauen.«

Wir empfehlen Ihnen, der Sinnfrage Zeit zu widmen und zu studieren, was anderen Menschen in Geschichte und Gegenwart Sinn gegeben hat. Was hat Erfinder und Entdecker, Reformatoren und Sozialrevolutionäre, Künstlerinnen und Top-Manager zu ihren Höchstleistungen angetrieben? Klammern Sie bei diesem Nachforschen den Aspekt der Religion nicht aus. Viele Menschen aus allen Gesellschaftsschichten sind erst zu einem befriedigenden Lebenssinn gelangt, als sie sich als Geschöpf eines Schöpfers wahrnahmen.

Während in den USA die Sinnsuche in den Kirchen als völlig normal betrachtet wird, wirkt das Thema Religion auf viele Deutsche etwas befremdlich. Allerdings lässt sich ein neuer Trend beobachten: Das Institut für Demoskopie in Allensbach hat herausgefunden, dass sich im Jahr 2002 rund 70 Prozent der Spitzenunternehmer selbst als religiös bezeichneten – eine dramatische Steigerung innerhalb von zehn Jahren.

Wenn Sie einen Sinn gefunden haben, entfesselt das in Ihnen nicht nur neue Glücksgefühle. Sie können auch mit Krisen und schweren Schicksalsschlägen viel besser umgehen. Eines der verblüffendsten Beispiele dafür ist der englische Astrophysiker Stephen Hawking. Der berühmte Forscher und Bestsellerautor *(Eine kurze Geschichte der Zeit)* leidet seit seiner Kindheit unter der unheilbaren Muskel- und Nervenkrankheit Amyotrophe Lateralsklerose. Nach Überzeugung seiner Ärzte hätte er im Alter von 22 Jahren sterben müssen. Er kann sich so gut wie nicht bewegen und auch nicht sprechen. Wenn er Vorträge hält, geschieht das durch die Bedienung eines Sprachcomputers. Am 8. Januar 2002 feierte er seinen 60. Geburtstag. Er hat sein (körperbehindertes) Leben der Physik des Weltalls und der Verknüpfung von Relativitätstheorie und Quantenmechanik gewidmet. Manche halten ihn für einen zweiten Einstein.

Jammert Hawking über die unvorstellbar drastischen Einschränkungen, die ihm seine Krankheit auferlegt hat? Nein, er macht Witze darüber. Wenigstens komme er durch das Leben im Rollstuhl nicht in Versuchung, seine Zeit mit Joggen oder Golfspielen zu vertrödeln, sagt er. Und er spricht allen Ernstes davon, in seinem Leben »großes Glück« gehabt zu haben, privat wie beruflich. Die Krankheit sei »kein so großer Schlag gewesen«, erklärte er in einem Interview. »Bevor ich sie hatte, fand ich das Leben ziemlich langweilig. Ich glaube, jetzt bin ich glücklicher.«

Stephen Hawking hat den Sinn in seiner Forschung gefunden, in der Klärung ungelöster Fragen der Menschheit. Wo läge der Sinn Ihres Lebens, wenn Sie aus irgendeinem Grund nicht mehr jeden Morgen mit dem Auto zur Arbeit fahren könnten? Der Weg zur Sinnfindung ist mühsam, aber von elementarer Bedeutung. Wenn Sie wissen, wofür Sie da sind und warum Sie etwas tun, setzt das in Ihnen ganz neue Kräfte frei. Wenn Sie nicht davon überzeugt sind, dass Ihr Engagement für Ihre Familie, Ihre Freunde, Ihr Unternehmen einen Unterschied macht, dann werden Sie bald frustriert sein. Diese Erkenntnis ist sogar messbar. Die Meinungsforscher in Allensbach haben seit 1972 mehrfach nachgewiesen, dass ein überaus enger Zusammenhang besteht zwischen dem subjektiven Gefühl, sinnvoll am Arbeitsplatz etwas gestalten zu können, und der Qualität der Arbeit, dem Krankenstand und der Bereitschaft, Kollegen bei der Arbeit zu helfen. Das gilt für den einfachen Arbeiter genauso wie für den leitenden Angestellten.

Es ist offensichtlich: Die Mühe, den Sinn der eigenen Existenz und des eigenen Handelns zu finden, lohnt sich. Wenn Sie wissen, aus welchen überzeugenden Gründen Sie etwas tun *sollen*, werden Sie es auch tun *wollen*. Sinn setzt etwas in Bewegung. Haben Sie für sich die Sinnfrage beantwortet?

Dritter Schritt: Offensiv umsetzen

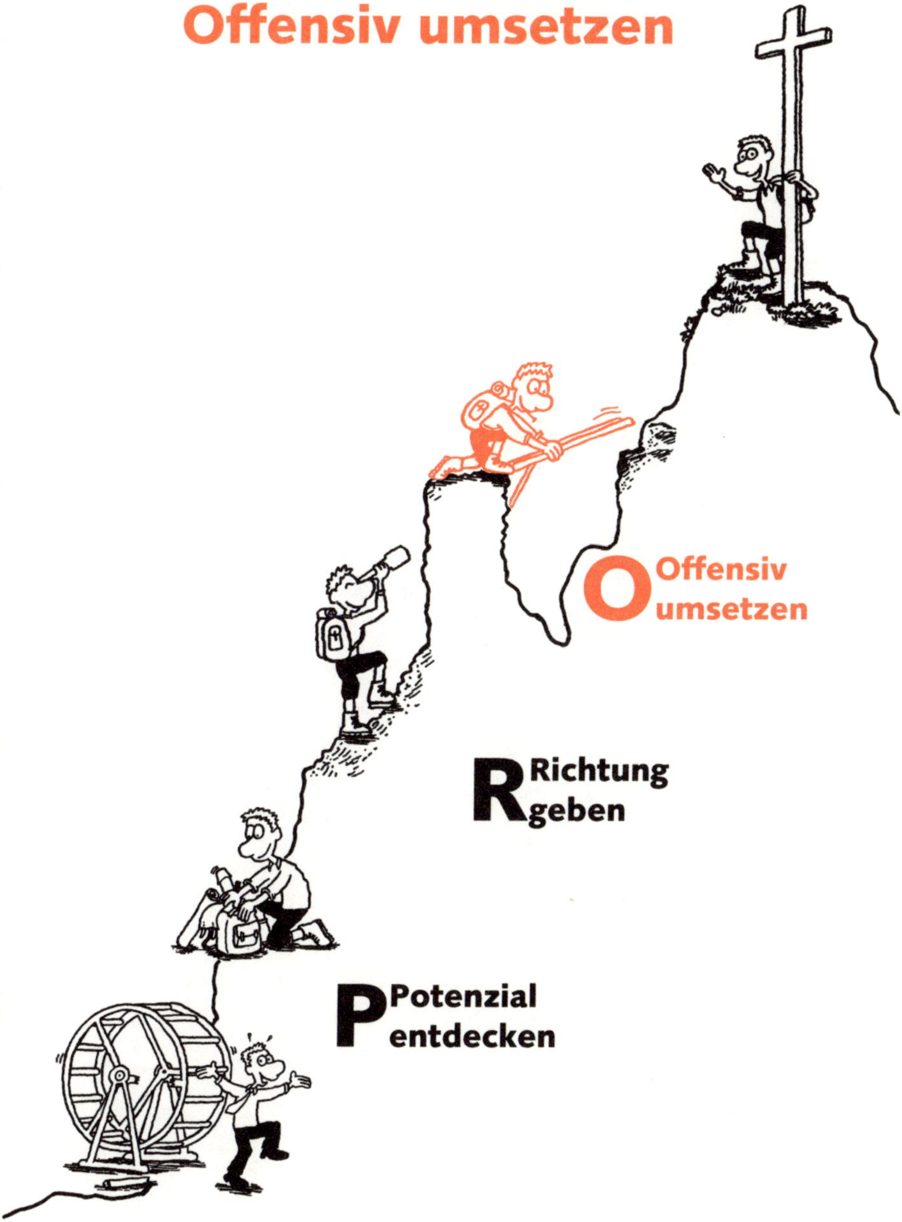

Wer eine Sache tut, ist erfolgreicher als der,
der von Tausenden weiß,
die zu tun wären.

Sprichwort

Sicher kennen Sie Sprichworte wie die folgenden: »Der Weg zur Hölle ist mit guten Vorsätzen gepflastert«, »Die lange Bank ist des Teufels liebstes Möbel« und so weiter. Wir wissen viel, sehr viel, aber was davon setzen wir um? Zu keiner Zeit gab es mehr theoretisches Know-how, so viele Bücher und Hilfsmaterialien. Aber was bringt uns wirklich zum Handeln, damit wir unser Leben verändern?

Ein Geschäftsführer lud mich eines Tages in sein Büro ein, schloss die Tür und holte aus seiner Schreibtischschublade ein Papier, das er voller Stolz entfaltete. Er hatte eine Vision und einen perfekten Plan aufgezeichnet. Nur lag dieser Plan unbearbeitet schon seit mindestens zwei Jahren in seiner Schublade. Niemand außer ihm wusste von diesem Papier, außerdem hatte er noch nichts davon umgesetzt: »Der Alltag ist so fordernd und ausfüllend, dass gar keine Zeit bleibt, an die Umsetzung zu denken.« Im Laufe des weiteren Beratungsprozesses bestätigte sich, dass sein Plan wirklich genial war. Aber beinahe wäre er nur eine Idee geblieben.

In der konsequenten Umsetzung ist der durchschnittlich Begabte dem nicht konsequenten Genie haushoch überlegen. Ich habe oft traurig und erschrocken hoch begabte Menschen erlebt, die einfach »keinen Fuß auf den Boden brachten«. Im vorigen Kapitel haben Sie eine Vision für unterschiedlichste Lebensbereiche entwickelt. Doch wie kann dieses Wissen ins Leben übersetzt werden? Ein chinesisches Sprichwort sagt: »Man muss eine ganze Weile mit geöffnetem Mund dastehen, bis eine gebratene Taube hineinfliegt.«

So wichtig es ist, durch eine Vision dem eigenen Leben Richtung zu geben, braucht sie die Berührung mit dem Alltag, um nicht nur Traum zu bleiben. Stellen Sie sich einen Bauer vor, der die genaue Beschaffenheit seines Ackerbodens kennt und daraus ein geniales Konzept entwickelt, was er wann und wo anpflanzt. Doch was nützt der beste Ackerboden, wenn er träumend in seinem Wohnzimmer sitzen bleibt? Profitieren kann der Bauer nur, wenn er sich an die Arbeit macht. Was wäre aus einer Mutter Teresa geworden, die nur davon geträumt hätte, Menschen zu helfen? Bücher von guten Träumern gibt es viele; unsere Welt braucht Menschen, die auch handeln.

Meine Vision gibt mir Richtung, aber ich muss diese Leitbilder in konkrete kurz- und mittelfristige Schritte herunterbrechen. Es gibt Menschen, die leidenschaftlich gerne träumen, die es aber hassen, konkret zu werden. Umgekehrt gibt es den Praktiker, der sich lieber im Alltag verzehrt, als sich Gedanken zu machen, wofür er etwas macht und was eigentlich sein Ziel ist. Beides ist wichtig! Nur die Kombination von Vision und Handlungswille führt zum ersehnten Ziel.

Die in diesem Kapitel vorgeschlagenen Schritte helfen Ihnen, nicht in theoretischen Überlegungen stecken zu bleiben, sondern auch in der Realität den Segen eines proaktiven Lebens ernten zu können. Nicht wer tausend Dinge weiß, sondern wer einen richtigen Schritt geht, kommt seinem Ziel näher.

Wie aus Ihren Wünschen Ziele werden

Die kalifornische Küste lag im Nebel an jenem Morgen des 4. Juli 1952. 34 Kilometer westlich davon, auf der Insel Catalina, watete eine 34-jährige Frau ins Wasser und machte sich auf, in Richtung Kalifornien zu schwimmen – entschlossen, diese Strecke als erste Frau zu bewältigen. Das Wasser war eiskalt und der Nebel so dicht, dass sie kaum die Beiboote ausmachen konnte.

Millionen schauten über die nationalen Fernsehsender zu. Mehrmals mussten Haie mit Gewehren vertrieben werden, um die einsame Gestalt zu schützen. Die Müdigkeit war nie ein großes Problem bei diesen Schwimmleistungen gewesen – es war die eisige Kälte, die ihr zu schaffen machte. Über 15 Stunden später bat sie, steif vor Kälte, aus dem Wasser geholt zu werden. Sie konnte nicht mehr. Ihre Mutter und ihr Trainer, die im Boot neben ihr herfuhren, sagten ihr, dass die Küste schon ganz nahe sei. Sie drängten sie, nicht aufzugeben, aber als sie zur kalifornischen Küste hinüberschaute, sah sie nichts als den dichten Nebel und wiederholte ihre Bitte, aus dem Wasser gezogen zu werden.

Stunden später, als ihr Körper sich erwärmt hatte, kam der Schock über ihren Misserfolg. Kurz vor dem Ziel, nur ein halbe Meile vor der Küste, hatte sie aufgegeben! Ein Reporter fragte sie: »Miss Chadwick, was hat Sie davon abgehalten, diese letzte Strecke zu schwimmen?« »Es war der Nebel«, antwortete sie. »Wenn ich das Land hätte sehen können, hätte ich es geschafft. Aber wenn man da draußen schwimmt und sein Ziel nicht sehen kann ...« Zwei Monate später versuchte Florence Chadwick es erneut. Obwohl es wieder nebelig war, bewältigte sie die Strecke – sie hatte ihr Ziel im Kopf!

Ziele sind ein ganz simples und doch so mächtiges Werkzeug. Meist setzen wir sie unbewusst ein und profitieren von ihrer positiven Wirkung. Sie sind Voraussetzung, damit unser Leben sich in die richtige Richtung bewegt.

Wenn Sie nicht wissen, wohin Sie wollen, können Sie auch keine Pläne machen. Ziellosigkeit führt meist zu Planlosigkeit oder unproduktivem Aktivismus. Ich weiß, wovon ich rede, nachdem ich selbst jahrelang in dieser Falle gelebt habe. Man fühlt sich wichtig und arbeitet oft sehr viel, aber es geschieht keine wirklich positive Veränderung. Ein Plan hilft Ihnen jedoch zu sehen, ob und welche Fortschritte Sie machen. Ohne Plan sind fehlende Erfolgserlebnisse, das fehlende »bewusste Erfahren von Fortschritt« an der Ta-

Missachtung der menschlichen Grundstruktur (Negativspirale)

gesordnung. Das verursacht Frust: »Ich schufte wie ein Wilder, aber irgendwie bewege ich mich immer im Kreis« – und verstärkt Minderwertigkeits- und andere negative Gefühle, die Demotivation und eine weitere Lähmung zur Folge haben. Was für ein deprimierender Kreislauf!

Stellen Sie sich vor, Sie steigen in einen Bus, der Sie irgendwohin bringt. Vielleicht beruhigt es sie ja schon, in einem Bus zu sitzen, der sich bewegt. Aber nachdem Sie zum zehnten Mal den Ort Ihres Einstiegs passiert haben, merken Sie, dass der Bus immer im Kreis fährt. Stellt Sie das zufrieden? Menschen mit einem Defizit an Ruhe und Ausgewogenheit tendieren dazu, solche Zeiten schönzureden. Es bewegt sich ja etwas. Es tut so gut, endlich einmal in einem Bus zu sitzen, zu entspannen und nichts tun zu müssen. Vielleicht sitzen Sie auch in einem Bus, der sich gar nicht im Kreis bewegt, sondern kontinuierlich in die falsche Richtung fährt – eine Richtung, die für andere passen mag, nicht aber für Sie. Irgendwann realisieren Sie auf einmal die Gefahr, Ihre Anschlussverbindungen nicht mehr zu erreichen. Da kommt Hektik auf – oder Resignation!

Es gibt immer Hoffnung, aber nur, wenn Sie aussteigen. Je länger Sie warten, Ihr Leben in Ihre Hand zu nehmen und bewusst zu gestalten, desto weiter ist meist der Weg zurück und desto mehr Kraft kostet es Sie, *Ihr* Ziel dennoch zu erreichen. Wählen Sie Ihr Reiseziel und planen Sie dementsprechend Ihre Reiseroute! Wenn Sie müde und ausgebrannt sind, dann tanken Sie lieber bewusst auf. Nehmen Sie sich eine Auszeit, um neue Kraft zu schöpfen, aber besteigen Sie nur einen Bus, der Sie *Ihrem* Ziel näher bringt.

Klare und richtige Ziele helfen, gute Pläne zu entwickeln, um das Ziel zu erreichen. Wer weiß, wohin er will, kann sich Gedanken machen, wie er dort hinkommt. Ein guter Plan lässt Sie die einzelnen Schritte erkennen, die Sie gehen wollen. Sind diese kleinen Schritte bewältigt, vermitteln sie Ihnen Erfolgserlebnisse und stärken dadurch Ihr Selbstbewusstsein und Ihre Motivation, woraus Sie wieder Kraft für neue, weitere Schritte schöpfen.

Erfahren Sie doch einmal den Unterschied: Nehmen Sie sich vor, ein bestimmtes Zimmer auszumisten (Ihr Büro, das Schlafzimmer, die Garage ...). Entwickeln Sie einen realistischen Schlachtplan, und teilen Sie Ihre Aktion in sinnvolle Schritte. Zuerst die Regale, dann die Getränkekisten, dann den Fußboden ... Abschnitt für Abschnitt haben Sie ein Erfolgserlebnis, das Sie motiviert und zum Ziel führt.

Beachtung der menschlichen Grundstruktur (Positivspirale)

Was gute Ziele ausmacht

Ziel ist nicht gleich Ziel. Das Setzen von Zielen ist eine Kunst, die gelernt sein will. Es ist wie bei einem Werkzeug: Je geschickter man damit umgehen kann, desto großartiger die Ergebnisse. Übung macht den Meister: Werfen Sie nicht gleich den Hammer weg, nur weil dieser nach dem ersten Schlag Ihren Daumen kolorierte. Es war nicht die Schuld des Hammers; und Sie sind auch nicht prinzipiell »zu blöd«, mit so etwas umzugehen. Es war schlicht fehlende Erfahrung. Übung macht den Meister!

Eine ganz einfache Merkhilfe sind die drei M-Kriterien für Ziele. Ziele müssen:

- messbar,
- machbar und
- motivierend sein.

Diese Minimalformel hat schon vielen Menschen weitergeholfen, gute Ziele zu formulieren.

Messbare Ziele

Ist es messbar, ob Sie das Ziel erreicht haben? Der schlimmste Feind zu realisierender Ziele sind allgemeine Absichtserklärungen.

Sie wollen irgendetwas, irgendwann, irgendwie realisieren. Wie packen Sie das an?

Ein oft gehörter Satz ist: »Ich will mir unbedingt mehr Zeit für meine Familie nehmen.« Ist dies ein Ziel? Nein! Warum nicht? Weil die Formulierung »mehr Zeit« noch keine Messbarkeit enthält. Wann haben Sie dieses Ziel erreicht? Wollen Sie zwei Tage pro Woche nur mit Ihrer Familie verbringen? Oder dachten Sie eher an Freitagabend oder einen gemeinsamen Urlaub? Sie haben es bemerkt: In dieser Form ist es nicht konkret genug. Wenn Sie sich aber nicht festlegen, besteht die Gefahr, dass Sie nicht wissen, wann und wie Sie es anpacken sollen und wann Sie fertig sind.

Nehmen wir an, Teil Ihrer Lebensvision ist ein erfülltes Familienleben. Ihre Absicht ist es, die Gemeinschaft zu stärken. Für die Umsetzung als Ziel formuliert könnte dies dann heißen: Ich werde wochentags nach dem Abendessen bewusst den Fernseher zunächst ausgeschaltet lassen und mir eine halbe Stunde Zeit nehmen, um zu hören und zu verstehen, was meinen Partner und meine Kinder bewegt. Sie können bei dieser Formulierung hinterher klipp und klar sagen, ob Sie das Ziel erreicht haben oder nicht. Es geht natürlich nicht darum, mit einer Stoppuhr auf die Sekunde genau Maß zu nehmen. Aber der Vorsatz ist konkret.

Ein anderes Beispiel: Sie müssten dringend für Ihren Beruf Ihre Englischkenntnisse verbessern. Ist dies ein Ziel? Nein. Weil es wieder zu unkonkret formuliert wurde. Ein Ziel ist Folgendes: Sie werden sich jeden Montagabend zwei Stunden Zeit nehmen, um ein Kapitel in Ihrem Buch *Business English* durchzuarbeiten. Übrigens spricht nichts dagegen, sich nach jeder Lerneinheit mit einer Portion von Ihrem Lieblings-Eis zu belohnen!

Ziele bündeln Kräfte und setzen Energien frei. Aber dazu müssen sie klar und eindeutig sein. Stellen Sie sich vor, Sie sind voller Energie, wissen aber nicht, was Sie damit anfangen sollen. Je klarer und konkreter Ihr Vorsatz, desto mehr Energie fließt in die Zielerreichung und wird nicht mit der Frage »Was könnte ich tun?« verpulvert. Gezielt planen und dann gezielt umsetzen, das ist der Schlüssel. Sie werden im Sinn der oben erwähnten Dynamik neu entdecken, wie gut es tut, sich weiterzuentwickeln.

Machbare Ziele

Was nützen die besten messbaren Ziele, wenn sie sich gar nicht bewältigen lassen? Oder wenn es zu viele auf einmal sind?

Manchmal sind unsere Ziele einfach zu hoch gesteckt, und auch das frustriert auf die Dauer. Regelmäßig begegnet mir das in Unternehmen im Vertriebsbereich. Da werden »Es-wäre-schön-wenn«-Zahlen gleich als Ziel formuliert. Es muss eine realistische Chance bestehen, das Ziel zu erreichen. Vor kurzem berieten wir ein Unternehmen, in dem mit dramatisch unrealistischen Zielvorgaben gearbeitet wurde. Im Gespräch rechtfertigte sich der verantwortliche Manager: Man brauche solche überhöhten Ziele, damit Menschen sich überhaupt anstrengen. Er spürte etwas Richtiges und machte doch einen großen Fehler. Wir Menschen brauchen Ziele, die uns fordern und herausfordern, aber Überfordern ist schon wieder die krankhafte Fehlform dieser Dynamik.

Wir sollten immer nach der langfristig gesündesten Variante suchen. Das Leben verlangt die Haltung eines Langstreckenläufers und nicht die eines Sprinters. So notwendig es sein kann, vorübergehend ein hohes Tempo zu fahren, so zerstörerisch ist es, sich immer nur im roten Drehzahlbereich zu bewegen. Dieses gesunde Maß für sich herauszufinden und zu leben hat etwas mit Reife zu tun. Wir wollen mit unserem Leben »viel bewegen«, und das heißt: Ziele müssen uns herausfordern, dürfen aber nicht überfordern. Der Grat ist schmal, aber begehbar.

Techniker bekamen ein Projekt mit dem Abgabetermin »vorgestern.« Der Termin war absichtlich manipuliert, um sie zu Höchstleistungen anzuspornen. Heimlich rechnete jeder mit zwei Wochen Dauer, sowohl der Chef als auch die Mitarbeiter. Die Folge war: Alle Terminangaben auf den Vorgängen waren falsch. Das gehörte allerdings zu den Spielregeln des Betriebes. Hausintern existierte eine zweite, nicht schriftlich niedergelegte Planung mit den reellen Terminen. Alle wussten das und arbeiteten danach, obwohl mündlich und schriftlich immer der unrealistische Termin verbreitet wurde. Die ganze Lage änderte sich schlagartig, als ein Mitbewerber mit realistischen Terminen versuchte, Mitarbeiter und Kunden für sich zu gewinnen.

Prüfen Sie: Ist es machbar, oder haben Sie mit dem, was Sie sich vorgenommen haben, bereits 25 Stunden pro Tag verplant? Bei Zeitmanagement-Seminaren lassen wir die Teilnehmer immer wieder auflisten, was sie sich für den kommenden Tag vorgenommen haben. Meist erhalten wir eine wunderbare Liste von sinnvollen, konkreten, guten Aufgaben. Als nächsten Schritt lassen wir die Teilnehmer die Zeitdauer für jede einzelne Aufgabe schätzen (zunächst ohne eigentlich notwendige Pufferzeiten). Danach bitten wir die Teilnehmer, die Summe aller Vorhaben für den morgigen Tag zusammenzuzählen. Manchmal ist es schon schockierend, wie unrealistisch die Vorhaben auch bei sonst noch so weisen Menschen sein können. Viele haben im Lauf der Jahre nichts daraus gelernt, sondern gehen jeden Abend frustriert nach Hause. »Heute habe ich wieder nicht alles geschafft, was wichtig war!«

Was Sie sich vornehmen, muss also für Sie machbar sein – als Einzeltätigkeit wie in der Summe! Ihre Ziele dürfen anspruchsvoll sein, Herausforderung tut gut, aber nicht zu viel. Ein kleiner Warnhinweis: In den vergangenen Jahren durften wir etlichen Firmen helfen bei der Umstellung auf Führung durch Zielvereinbarung. Wenn Sie Ziele für andere setzen, müssen Sie unbedingt auf Ihre Mitarbeiter hören, sonst treten Sie immer wieder in die gleiche Falle. Viele solcher Prozesse sind gescheitert oder ihr Output blieb weit unter dem Möglichen, weil sie faktisch mit Ziel*vorgaben* arbeiteten statt mit Ziel*vereinbarungen*. Vereinbarung heißt, dass beide Seiten diese von innen heraus akzeptieren müssen.

Motivierende Ziele

Der dritte wichtige Punkt, der leider zu oft aus den Augen verloren wird: Ist das Ziel, das Sie erreichen wollen, für Sie motivierend? Ziele, die wenig oder keine motivierende Wirkung auf Sie haben, sind meist genauso ungeeignet wie unklare und unrealistische Vorsätze.

Im Anfangskapitel haben wir dargestellt, was Menschen motiviert: pain & pleasure, die Vermeidung von Schmerz und das Erlangen von Freude und Vergnügen. Wenn Sie sich diese Motivationsfaktoren vor Augen führen, werden Sie leichter ans Ziel kommen. Das Ziel, im kommenden Monat 5 Kilo abzunehmen, ist messbar und (bei einer gewissen Härte gegen sich selbst) auch machbar. Die Motivationskraft geht aber nicht von der nackten Zahl aus, sondern von den Gefühlen, die Sie mit dem Ergebnis verbinden. Stellen Sie es sich bildlich vor: Das hübsche Abendkleid, das Sie sich vorletztes Jahr gekauft haben, wird wieder passen; das Lauftraining wird Sie nicht mehr so erschöpfen (und Ihre Gelenke sind bei niedrige-

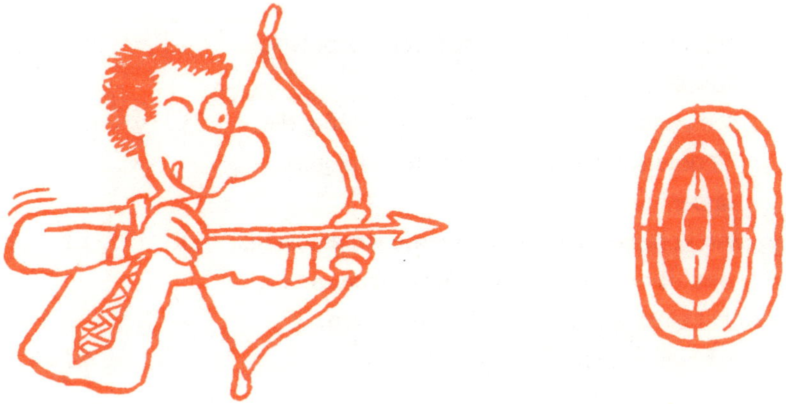

rem Körpergewicht auch weniger belastet); mit einer gemäßigten Nahrungsaufnahme werden Sie wieder besser denken und arbeiten können! Fühlen Sie jetzt schon, worauf Sie zuarbeiten. Sie werden sich mit weniger Speck künftig attraktiver, sportlicher und leistungsfähiger fühlen. Allein die klare, Ihre Gefühlswelt ansprechende Vorstellung des Ergebnisses wird Ihnen helfen, in den entscheidenden Situationen zur lockenden Schokolade Nein zu sagen.

Im Anschluss ein kleiner Test. Bitte kreuzen Sie an, was ein Ziel im Sinne des oben Genannten ist und was bestenfalls einen Wunsch oder eine Absichtserklärung darstellt:

Test: Wunsch oder Ziel?

Bitte Zutreffendes ankreuzen:

Wunsch oder Ziel?	Ziel	Wunsch
1. Ich will ein besserer Vater/eine bessere Mutter werden.	☐	☐
2. Bis zum Quartalsende will ich mir Infomaterial zum Thema »berufsbegleitende Studienmöglichkeiten« zusenden lassen.	☐	☐

3. Ab sofort werde ich Mitarbeitergespräche führen. ☐ ☐
4. Ich werde mir am Montag regelmäßig die Verkaufszahlen der Vorwoche vorlegen lassen. ☐ ☐
5. Ab kommender Woche werde ich dienstags und donnerstags meine Arbeitszeit um 8 Uhr mit einer »Stillen Stunde« beginnen. ☐ ☐
6. Ich will regelmäßig Sport treiben. ☐ ☐

Auflösung:
Wünsche sind die Aussagen 1, 3 und 6. Echte Ziele sind 2, 4 und 5.

Unsere Firma in den USA liegt am Mississippi, einem breiten und reißenden Strom. Diesen zu überqueren, ist eine ziemliche Herausforderung. Wenn Sie auf der einen Seite ablegen, um genau gegenüber zu landen, kann es Ihnen passieren, dass Sie wegen der Strömung meilenweit abgetrieben werden und nachher weiter vom Ziel entfernt sind als vorher. War Ihr Ziel deshalb falsch? Nein – Sie müssen nur eventuell ein Boot mit einem stärkeren Motor nehmen oder zuerst ein Stück flussaufwärts steuern, um am richtigen Fleck zu landen. Angenommen, Sie brechen im Morgennebel auf: Nicht auszuschließen, dass Sie anstatt auf der anderen Seite auf einer der Inseln landen. Ziele setzen bedeutet oft das Managen von Abweichungen.

Vielleicht sind Sie noch unsicher beim Formulieren »richtiger« Ziele, welche die oben genannten Kriterien erfüllen. Schauen Sie sich deshalb folgende Beispiele an, bevor Sie in einem weiteren Workshop in eigenen Worten Ziele aufschreiben.

- Wunsch: Ich möchte schlanker werden.
  Ziel: Ich mache täglich eine halbe Stunde Dauerlauf und esse keine Schokolade mehr.

- Wunsch: Ich will meiner Tochter ein guter Vater sein.
  Ziel: Ich reserviere täglich 15 Minuten, in denen ich konzentriert mit ihr rede und genau zuhöre, was sie bewegt. Zudem investiere ich jede Woche mindestens eine Stunde nur für sie, um mit ihr Karten zu spielen, ins Kino zu gehen, Eis zu essen etc.
- Wunsch: Ich will nach meinem Berufsleben nicht in ein Loch fallen.
  Ziel: Ich erarbeite einen Plan, in dem ich heute schon realistisch festlege, wie ich das erste Jahr nach der Pensionierung verbringen werde. Auf diesem Plan vermerke ich für jeden Monat ehrenamtliche Aufgaben, Weiterbildung, Besuche, Renovierungstage für meine Wohnung, Urlaub etc.
- Wunsch: Ich möchte mehr für meine Weiterbildung tun.
  Ziel: Ich hole ein Programm der Volkshochschule und melde mich noch in diesem Monat für einen Kurs an.

Workshop: Aus meinen Wünschen Ziele formulieren

Nun sind Sie an der Reihe. Ihre Wünsche kennen Sie aus dem Workshop auf Seite 131–135 – formulieren Sie nun messbare, machbare und motivierende Ziele daraus. Diese »Kunst« werden Sie für eine gelingende Lebens- und Berufsplanung immer wieder brauchen. An Ihrem Dreamday wird es eine Ihrer Hauptaufgaben sein, einen Traum auf erreichbare Ziele herunterzubrechen.

1. Wunsch:
   Ziel: ______________________________
   Ziel: ______________________________
   Ziel: ______________________________

2. Wunsch:
   Ziel: ______________________________
   Ziel: ______________________________
   Ziel: ______________________________

3. Wunsch:
   Ziel: ______________________________
   Ziel: ______________________________
   Ziel: ______________________________

Vom Dringenden zum Wichtigen

Wenn man sich Gedanken macht, was man alles so tun könnte, sollte und müsste, ist das Ergebnis oft eine lange Liste. Es wäre schön, dies alles erledigen zu können, aber eine solche Vielzahl von Plänen ist unrealisierbar.

Stellen Sie sich vor, Sie hätten eine Flasche mit edlem italienischen Wein und zwei Cognacgläser. Wie bringen Sie den Inhalt dieser Flasche vollständig in die beiden Gläser, ohne etwas zu trinken, zu verschütten, verdunsten zu lassen oder einzufrieren?

Haben Sie die Lösung? Denken Sie an Ihren Physikunterricht! Natürlich – es funktioniert nicht. Genauso wenig schaffen Sie es, jede anstehende Arbeit selbst und sofort zu tun. Die zwei Gläser könnten symbolisch für Vormittag und Nachmittag stehen. Was hindert Sie daran, einfach noch den Abend mit zu verplanen und ein drittes Glas hinzuzunehmen? Sie werden erstaunt sein: Meist taucht in solchen Fällen plötzlich noch eine weitere gefüllte Flasche auf, die verarbeitet sein will.

Mir erzählte ein Zeitgenosse, er liste immer wieder alles auf, was er tun sollte, müsste, könnte. Hat er diese Liste erstellt, sitzt er begeistert und gleichzeitig erschlagen davor: Womit beginnen? Prioritäten setzen heißt hier das Zauberwort! Stellen Sie sich vor, Sie stehen auf Ihrem Balkon und betrachten zufrieden Ihre Tageseinnahmen, drei Banknoten im Wert von 500, 50 und 5 Euro. Plötzlich werden Sie von einem jäh aufkommenden Windstoß überrascht, der Ihnen alle drei Noten entreißt und mit hoher Geschwindigkeit Richtung Abgrund weht. Nach welchem Schein würden Sie zuerst greifen? Dumme Frage, natürlich nach dem wertvollsten!

Stephen R. Covey spricht im Hinblick auf einen optimalen Umgang mit der Zeit vom Kieselprinzip. Er beschreibt die Zeit als ein Gefäß, in das Steine, Sand und Wasser gefüllt werden sollen. Im ersten Schritt werden die großen Steine für die wichtigen Prioritäten in einem Krug untergebracht. Diese sind »Muss-Bestandteil« eines verantwortungsvollen Lebens. Sind die Steine im Krug, kann man den verbleibenden Platz mit weniger wichtigen Dingen wie kleineren Kieseln, Sand und Wasser auffüllen.

Hätten Sie beim Auffüllen mit dem Sand begonnen, wäre Ihr Gefäß vielleicht voll gewesen, bevor Sie den ersten großen Stein hätten hineinlegen können. Wenn Sie besonders viel zu tun haben, sollten Sie nicht einfach drauflosarbeiten. Überlegen Sie sich: Was sind die größten, wertvollsten und schwierigsten Aufgaben? Das sind, um im Bild zu bleiben, Ihre »Kiesel«.

Eine nach dem Kieselprinzip ausgerichtete Wochen-, Monats- und Jahresplanung mit Prioritäten und Zeitfenstern für das wirklich Wichtige stellt den Schlüssel für eine harmonische Zeit- und Lebensbalance dar. Haben Sie das Wichtige nicht nur im Kopf, sondern auch schriftlich fixiert, fällt es Ihnen auch wesentlich leichter, Nein zu Dringendem, aber Unwichtigem zu sagen – und ja zu den Dingen, die Sie Ihren Lebenszielen näher bringen.

Die Unabwägbarkeiten des Arbeitsalltages bringen es mit sich, dass andernfalls immer schnell irgendetwas anderes dazwischenkommt – und schon füllt sich der Terminkalender mit Aktivität um Aktivität ganz von alleine. Das Wichtige aber bleibt zugunsten des Dringenden auf der Strecke.

Von wichtigen und dringenden Aufgaben

Ist es schwierig, dringende von wichtigen Aufgaben zu unterscheiden? Ja, es ist schwierig. Wenn Sie jedoch diese Unterscheidung beherrschen, wird sich Ihnen ein völlig neuer, souveräner Umgang mit der Zeit erschließen. Versuchen Sie es einmal:

Test: Wichtig oder dringend?

1. Der Kundendienst für Ihr Auto ist alle 25 000 Kilometer fällig. Nächste Woche ist es laut Kilometerzähler so weit.
   ☐ dringend ☐ wichtig
2. Sie merken abends, dass Sie Ihre Tageszeitung noch nicht gelesen haben.
   ☐ dringend ☐ wichtig
3. Das neue Jahr hat begonnen, aber Sie haben sich noch keine Gedanken über Ihre Jahresziele gemacht.
   ☐ dringend ☐ wichtig
4. Zweimal im Jahr wollen Sie zum Zahnarzt zur Vorsorge gehen. Es ist Herbst, Sie haben keinerlei Schmerzen, aber dieses Jahr sind Sie noch nicht beim Zahnarzt gewesen.
   ☐ dringend ☐ wichtig

(Auflösung: 1. Wichtig, nicht dringend, weil es nicht Ihre unmittelbare Aufmerksamkeit fordert; Ihr Auto kann ja noch einige hundert Kilometer ohne Inspektion fahren. 2. Dringend, nicht wichtig, denn die Lektüre der Tageszeitung bringt Sie Ihren Zielen nicht näher. 3. Wichtig, evtl. auch dringend; nicht vorhandene Ziele müssen keine unmittelbaren Auswirkungen haben; dringend wird es allerdings, wenn Ihre Bank Ihre unternehmerischen Ziele als Grundlage für die Verlängerung der Kreditlinie einfordert. 4. Wichtig, nicht dringend; wie bei Frage 1.)

Dringende Aufgaben vermitteln das Gefühl, sofort erledigt werden zu müssen, sind aber nicht automatisch wichtig. Sie suggerieren: Das braucht meine sofortige Aufmerksamkeit – jetzt! Wichtige Aufgaben erkennen Sie daran, dass sie Sie Ihrem Ziel näher bringen.

Ein gutes Beispiel für Dringlichkeit ist das Telefon. Wenn in einem Zug irgendwo ein Handy klingelt, zucken mehrere Leute zusammen wie Cowboys beim schnellen Griff zum Colt. Auch hier scheint es ums Überleben zu gehen. Bleiben Sie beim Klingeln Ihres Telefons ruhig, oder zuckt es auch in Ihnen? »Ja, hier Maier. Nein, tut mir leid, falsch verbunden. Macht nichts, tschüs.« War es wichtig? Nein, nur dringend ...

Wichtige Aufgaben dagegen bringen mich zentralen Zielen in meinem persönlichen und beruflichen Leben näher. Ist es wichtig, sich um Sport zu kümmern? Zunächst scheint das nicht so zu sein. Sie kommen auch so ganz gut über die Runden. Es gibt jedoch ein schönes Sprichwort: Wer sich keine Zeit für Sport nimmt, muss Zeit für Krankheit reservieren.

Der amerikanische Präsident Eisenhower pflegte seine Aufgaben in vier Quadranten einzuteilen:

- Aufgaben, die wichtig und dringlich sind (Quadrant 1).
- Aufgaben, die wichtig sind (Quadrant 2).
- Aufgaben, die dringlich sind (Quadrant 3).
- Aufgaben, die weder wichtig noch dringlich sind (Quadrant 4).

Schätzen Sie sich selbst ein: Wie viel Prozent Ihrer Zeit verbringen Sie in welchem Quadranten? Wenn Sie möchten, können Sie gleich Ihre Idealverteilung ergänzen. Wir haben unten nochmals typische Tätigkeiten aus den jeweiligen Bereichen aufgelistet, um Ihnen das Zuordnen zu erleichtern.

Je mehr Sie im Dringlichkeitsbereich tätig sind, desto höher ist Ihr Adrenalinspiegel. Dies ist meistens verbunden mit Hektik, Stress, Lösungen in der letzten Minute. Einige Zeit lässt sich so etwas durchhalten, aber auf lange Sicht gesehen hält es kein Mensch aus. Wir haben Ihnen auch zusammengetragen, was typischerweise geschieht, wenn Sie viel Zeit in einem der Quadranten verbringen.

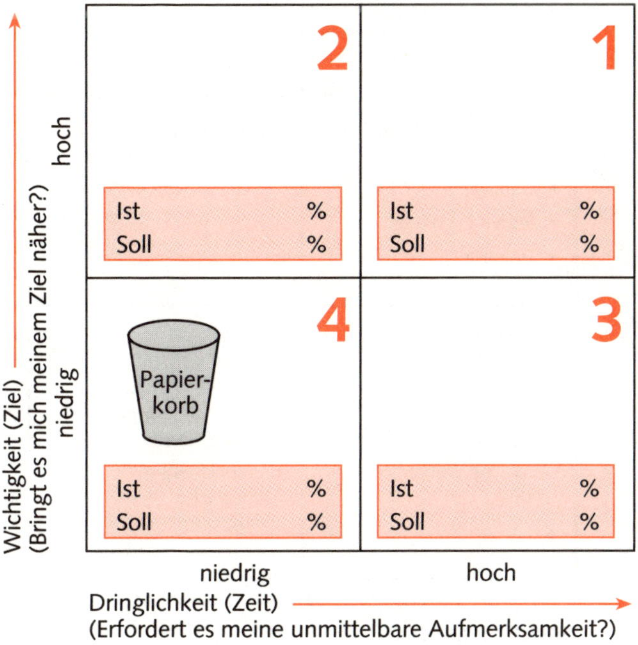

Das Wichtige vom Dringenden unterscheiden

Es ist erstaunlich, was an positiven Dingen passiert, wenn man sich Zeit für Quadrant-2-Tätigkeiten nimmt. Typischerweise investieren Führungskräfte 10 bis 30 Prozent ihrer Zeit in diesen Quadranten. Völlig klar: Wenn Sie die anderen drei Quadranten nur um wenige Prozentpunkte reduzieren und diese dafür in Quadrant 2 investieren, verändert sich Ihr Leben dramatisch!

Mir sind zwei Manager bekannt, der eine hektisch, schlecht gelaunt, immer unter Strom. Eigentlich lebt er am Rande eines Burnout; er braucht regelmäßig Psychopharmaka. Sein Leben ist wie ein Feuerwehreinsatz. Ständig scheint es um Leben oder Tod zu gehen. Er arbeitet Tag und Nacht. Seine Ehe existiert nur noch auf dem Papier.

Sein Kollege, gleiche Branche, gleiches Alter, gleiche Mitarbeiterzahl, gleiches Produkt, arbeitet im Schnitt 50 Stunden pro Woche. Aber er wirkt ruhig, ausgeglichen, überlegt und konzentriert,

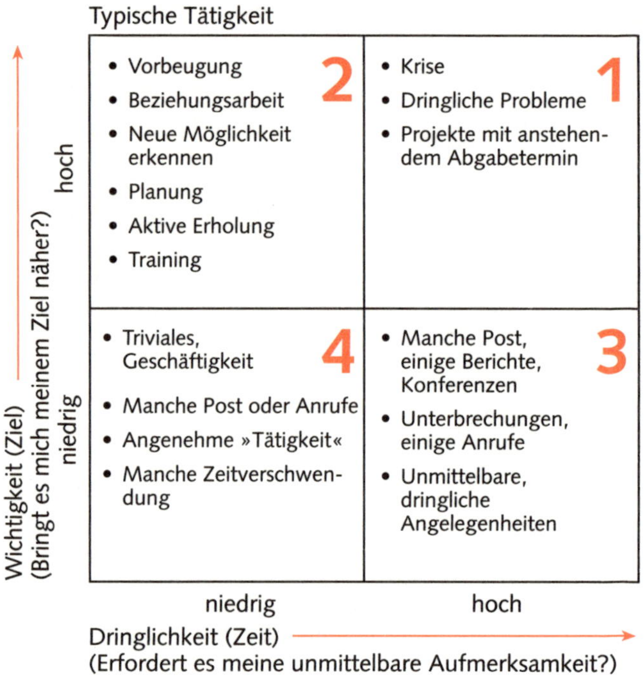

Selbstmanagement-Matrix: typische Tätigkeiten

er hat noch den Blick für das Kleine, die neue Frisur der Mitarbeiterin, Zeit für ein kurzes Schwätzchen mit dem Nachbarn.

Wenn man beide kennen lernt, merkt man, der Letztere ist oft und hoch konzentriert in Quadrant 2 tätig. Er plant viel und intensiv und hat mit einer langfristigen Perspektive seine Mitarbeiter aufgebaut, während der andere diese aus Zeitdruck meist zu Befehlsempfängern degradiert.

Jede wichtige Aufgabe, die Sie nicht erledigen, wird zu einer Aufgabe, die »dringend und wichtig« ist (Quadrant-1-Aufgabe). Ein wichtiger Mitarbeiter, der nicht die notwendige Aufmerksamkeit bekommt, verlässt die Firma wieder. Gleichzeitig entsteht ein weiteres, wichtiges Problem, nämlich die Regelung seiner Nachfolge.

Quadrant-2-Aktivitäten haben eines gemeinsam: Wenn man sich

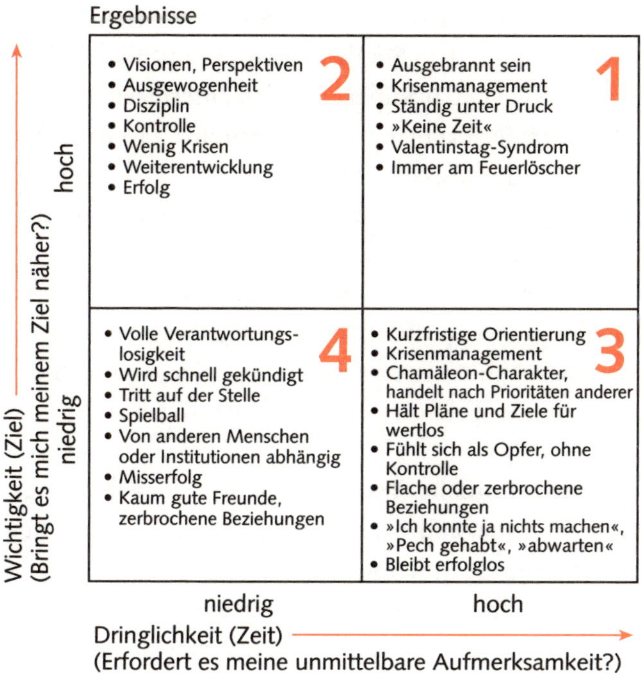

Selbstmanagement-Matrix: Ergebnisse

ihnen nicht widmet, passiert zunächst nichts. Das ist tückisch. Sie achten nicht auf Ernährung oder körperliche Fitness? Deswegen fallen Sie nicht gleich tot um. Doch langfristig werden Sie häufiger krank, sind weniger belastbar und so weiter. Sie planen nicht Ihren nächsten Karriereschritt? Sie werden vermutlich weiterhin viel zu tun haben und sich höchstens wundern, dass Nachwuchskräfte in immer kürzerer Zeit an Ihnen vorbeiziehen. Karriereplanung ist prinzipiell nicht dringend – kann aber ungeheuer wichtig sein.

Ordnen Sie zunächst Ihre Aufgaben den entsprechenden Quadranten zu. Aufgaben, die wichtig und dringend sind, sind die so genannten Quadrant-1-Aufgaben und haben höchste Priorität. Sie sollten diese Aufgaben sofort und selbst erledigen.

Für Quadrant-2-Aufgaben sollten Sie regelmäßig viel Zeit einplanen. Dies beugt massivem Stress vor. Entwerfen Sie beispielsweise ein System, mit dem Sie Ihre Finanzen im Blick behalten, bevor die Bank Ihnen einen Sanierungsplan auferlegen muss, oder arbeiten Sie immer donnerstags in Ihrem Home-Office, um abgeschirmt von der Hektik des Alltags konzentriert die wichtigsten Dinge anzugehen. Für wiederkehrende Aufgaben ist ein Jahres-Trainingsplan eine große Hilfe.

Quadrant-3-Aufgaben, die nur dringlich sind, sollten Sie möglichst delegieren, wenn nicht sogar vermeiden. Schaffen Sie sich beispielsweise regelmäßig ungestörte Stunden, indem Sie für eine begrenzte Zeit alle Telefonate Ihrem Anrufbeantworter überlassen.

Im Internet bummeln, Werbegeschenke auswählen, Kataloge, interessante Fachmagazine durchblättern – diese typischen Quadrant-4-Aufgaben üben keinen Druck aus. Es sind entspannende Tätigkeiten. Ich habe einige Top-Führungskräfte mehrere Tage lang begleitet, und sie wirkten in allem, was sie taten, sehr geschäftig und wichtig. Bei näherem Hinsehen stellte sich heraus, wie sie geschickt solche Quadrant-4-Aufgaben zur Entspannung in ihren Alltag integriert hatten. In einem gewissen Maß dürfen sie kontrolliert Teil unseres Arbeitsalltags sein. Unser Vorschlag: Planen Sie bewusst maximal 10 Prozent Ihrer Zeit für solche Tätigkeiten ein, aber überschreiten Sie diese Grenze nicht.

Und nun die Frage: Welcher Quadrant ist verantwortlich für den Erfolg Ihres Lebens? Richtig, es ist der Quadrant 2. Deshalb: Arbeiten Sie jeden Tag an einer langfristigen Quadrant-2-Aufgabe. Sie müssen neben Ihrem Tagesgeschäft auch an die »strategisch« wichtigen Aufgaben und Ziele denken. Nur so verursachen Sie bereits heute Ihre Erfolge von morgen!

Workshop: Nein sagen

Machen Sie sich klar, dass Sie nie genug Zeit haben werden, um all das zu tun, was Sie alles tun könnten und was andere gerne von Ihnen wollen. Sorgen Sie dafür, dass Sie Ihre Zeit nutzen, um das zu tun, was Ihnen am wichtigsten ist und Sie Ihren Zielen näher bringt. Die Zeit dafür können Sie nur dadurch gewinnen, dass Sie Nein zu den unwichtigeren Dingen sagen und sie unterlassen.

Nein sagen: Ich nehme mir vor, zu den folgenden Anfragen, Aufgaben oder Erwartungen an mich in Zukunft Nein zu sagen, um mich wieder auf meine eigenen Werte und Ziele konzentrieren zu können:

1. ____________________
2. ____________________
3. ____________________
4. ____________________
5. ____________________

Wegwerfen: Ich nehme mir vor, die folgenden Gegenstände in den nächsten Tagen wegzuwerfen, um in meinem Umfeld wieder Platz zu schaffen, damit ich mich mit meinen wirklichen Zielen beschäftigen kann:

1. ____________________
2. ____________________
3. ____________________
4. ____________________
5. ____________________

Das Paretoprinzip – »80/20-Regel«

Ein weiteres Prinzip dürfen Sie bei Ihrer Planung auf keinen Fall außer Acht lassen: die Pareto-Regel. Der Volkswirtschaftler Vilfredo Pareto lebte im 19. Jahrhundert und beschäftigte sich unter anderem mit Fragen der Einkommens- und Besitzverteilung. Er stieß auf eine Tatsache, die ihm höchst bedeutsam erschien: ein wiederkehrendes mathematisches Verhältnis zwischen dem Anteil von Personen (als Prozentsatz der gesamten relevanten Bevölkerung) und der Höhe des Einkommens oder Reichtums dieser Gruppe. Dabei kommt es weniger auf die genaue Prozentverteilung an als auf die Tatsache, dass die Reichtumsverteilung in der Bevölkerung berechenbar unausgewogen war. Er nannte dies die 80/20-Regel.

Die 80/20-Regel, auch Pareto-Prinzip genannt, beschreibt eine Unausgewogenheit zwischen Ursachen und Wirkungen, Aufwand und Ertrag, Anstrengung und Ergebnis. Ein typisches Verteilungsmuster zeigt, dass 80 Prozent des Ertrags von 20 Prozent des Aufwands herrühren, dass 80 Prozent der Wirkungen durch 20 Prozent der Ursachen bedingt sind oder dass 80 Prozent der Ergebnisse auf 20 Prozent der Anstrengungen zurückgehen.

Sie kennen es vielleicht: Sie müssen dringend eine Einladung zum Betriebsjubiläum erstellen. Für den Text und 80 Prozent der Einladung brauchen Sie relativ überschaubare Zeit. Aber dann fangen Sie an, am Text zu feilen, und wollen noch schnell ein Bild scannen und einfügen, und auf einmal haben Sie für die restlichen

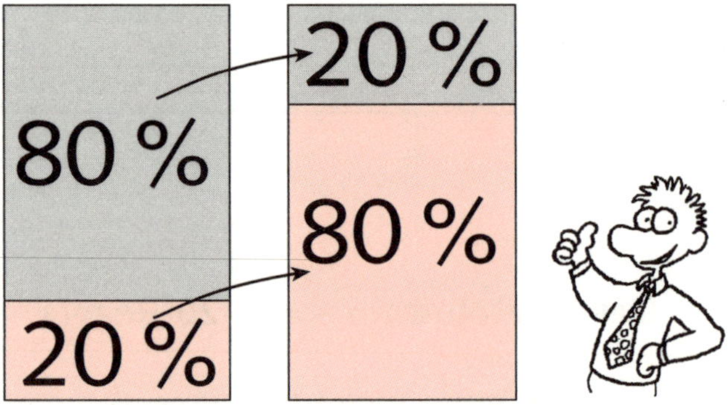

Was ist wichtig, was ist unwichtig?

20 Prozent der Arbeit dramatisch mehr Zeit aufgewendet als für die ersten 80 Prozent.

Weitere Beispiele (die Sie bitte nicht auf das einzelne Prozent genau nachrechnen, es geht um die Größenordnungen):

- 20 Prozent der Produkte bringen 80 Prozent des Umsatzes
- 20 Prozent der Kunden bringen 80 Prozent des Umsatzes
- 20 Prozent der Kriminellen verursachen 80 Prozent des Gesamtschadens durch Verbrechen
- 20 Prozent der Fahrer verschulden 80 Prozent der Unfälle
- 20 Prozent der Teppichfläche tragen 80 Prozent des Verschleißes
- 20 Prozent unserer Kleider tragen wir 80 Prozent unserer Zeit
- 20 Prozent der möglichen Ursachen lösen 80 Prozent der Fehlalarme aus
- 20 Prozent der Kirchgänger erbringen 80 Prozent der Spenden
- 20 Prozent der Mitarbeiter teilen sich in 80 Prozent der Krankentage
- 20 Prozent der Lehrer geben 80 Prozent der Hausaufgaben

Es gibt offensichtlich einen Teil des Einsatzes, der zu einem Mehrfachen an Ertrag führt. Was bedeutet dies für uns und unseren Alltag? Zum Beispiel, dass 15 Minuten Investition in Ihren Mitarbeiter ihm unter Umständen helfen, erfolgreicher und effektiver zu arbeiten. Welches sind Ihre wichtigsten Kunden? Die wichtigsten Lieferanten? Wie können Sie die Beziehung zu diesen verbessern? Es muss nicht immer alles sein; konzentrieren Sie sich auf die 20 Prozent, die 80 Prozent des Erfolges garantieren!

Wäre es nicht besser, eine 80-Prozent-Lösung anzustreben (und dabei relativ wenig zu investieren), als die Sache liegen zu lassen, weil man ohnehin nie auf 100 Prozent kommt? Das sollte Ihnen Mut machen, »dunkle Flecken« in Ihrem Leistungs- und Beziehungsspektrum aufzuhellen.

Hier bemerken Sie auch wieder den großen Unterschied zwischen Effizienz und Effektivität. Erinnern Sie sich: Effizienz bedeutet, die Dinge richtig zu tun, Effektivität ist, die richtigen Dinge zu tun. Sie sparen viel Zeit und Energie, wenn Sie Ihren Schwerpunkt auf Effektivität statt auf Effizienz legen. Diese Gesetzmäßigkeit bestätigen wichtige Führungskräfte in der Wirtschaft. Auch Chirurgen, Zahnärzte und Eltern geben an, in ihrer Arbeit größere Erfolge mit der Pareto-Regel zu erzielen (ehrlich gesagt, bei den Chirurgen macht uns diese Aussage etwas Angst). Welches sind die Aufgaben, die Ihnen 80 Prozent des Ergebnisses bringen? Diese müssen Sie finden und zuerst erledigen.

Zentrale Lebensbereiche – Ihre Hauptaufgaben

Haben Sie sich schon einmal die Mühe gemacht, eine Übersicht zu erstellen, in welche Verantwortungen Sie verstrickt sind? Wo haben Sie Aufgaben übernommen? Welche Verpflichtungen haben Sie? Für manche Menschen ist diese Aufgabe sehr einfach. Andere hingegen listen bis zu 30 Schlüsselverantwortungen auf. Interessant ist, dass dies meist auch diejenigen sind, die mehr oder weniger laut über ein Zuviel stöhnen. Ich kenne eine Mutter von fünf Kindern, die politisch im Gemeinderat einer kleinen Stadt tätig ist. Zudem sitzt sie verantwortlich in einem Kirchengemeinderat und leitet einen karitativen Verein mit vielen Aktionen für arme Länder. Außerdem ist sie leidenschaftliche Künstlerin, hat ein großes Haus und viele Haustiere. Diese Frau meistert ihren Alltag erstaunlich gut. Aber das ist die Ausnahme. Die meisten verzetteln sich, verlieren den Überblick und können die Zusagen, die sie anderen geben, kaum annähernd erfüllen.

Die im Folgenden beschriebene Technik hilft, den Überblick zu bewahren. Allein das Auflisten hat mich schon erschreckt und verantwortungsvoller bei der Übernahme neuer Aufgaben gemacht.

Wir laden Sie ein, ein Mindmap zu erstellen. Das ist so etwas Ähnliches wie eine Übersichtskarte und zugleich eine große Hilfe beim Ordnen von Gedanken. In die Mitte schreiben Sie ein Thema, so wie Sie es im Schaubild auf Seite 196 sehen, in unserem Fall »Mein Leben« (Aufgabenbereiche). Als Nächstes tragen Sie an den Hauptästen Ihre Schlüsselbereiche ein: zum Beispiel »Ich«, Arbeit, Hausarbeit, Ehe/Familie, Beziehungen/Freunde, Ehrenamt. Wenn der Beruf eine sehr zentrale Rolle in Ihrem Leben einnimmt, können Sie ihn gleich wieder in mehrere Unteräste aufgliedern. Sie coachen beispielsweise Führungskräfte, beraten Firmen, entwickeln Produkte und Seminare. Daneben sind Sie in der Forschung tätig und engagieren sich im Bereich der Mitarbeiterführung.

Wie detailliert Sie das Mindmap ausarbeiten, ist Ihre Sache. Ich habe mein Mindmap im Computer gespeichert und es mir zur Pflicht gemacht, jede größere feste Aufgabe dort hineinzuschreiben. Am Anfang traute ich mich gar nicht, dieses Bild irgendjemandem zu zeigen. Aber es war eine sehr lehrreiche Übung. Ich über-

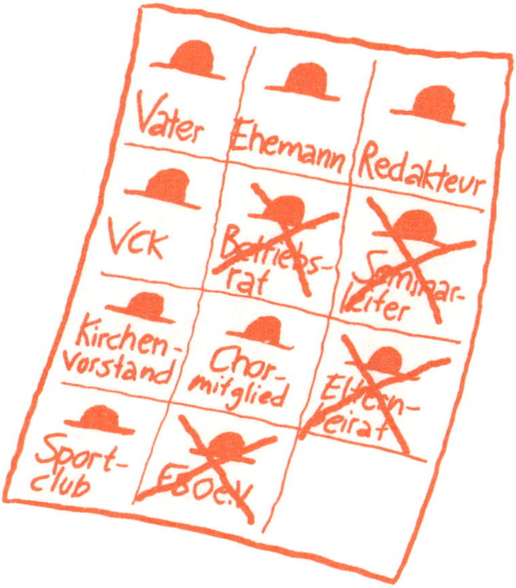

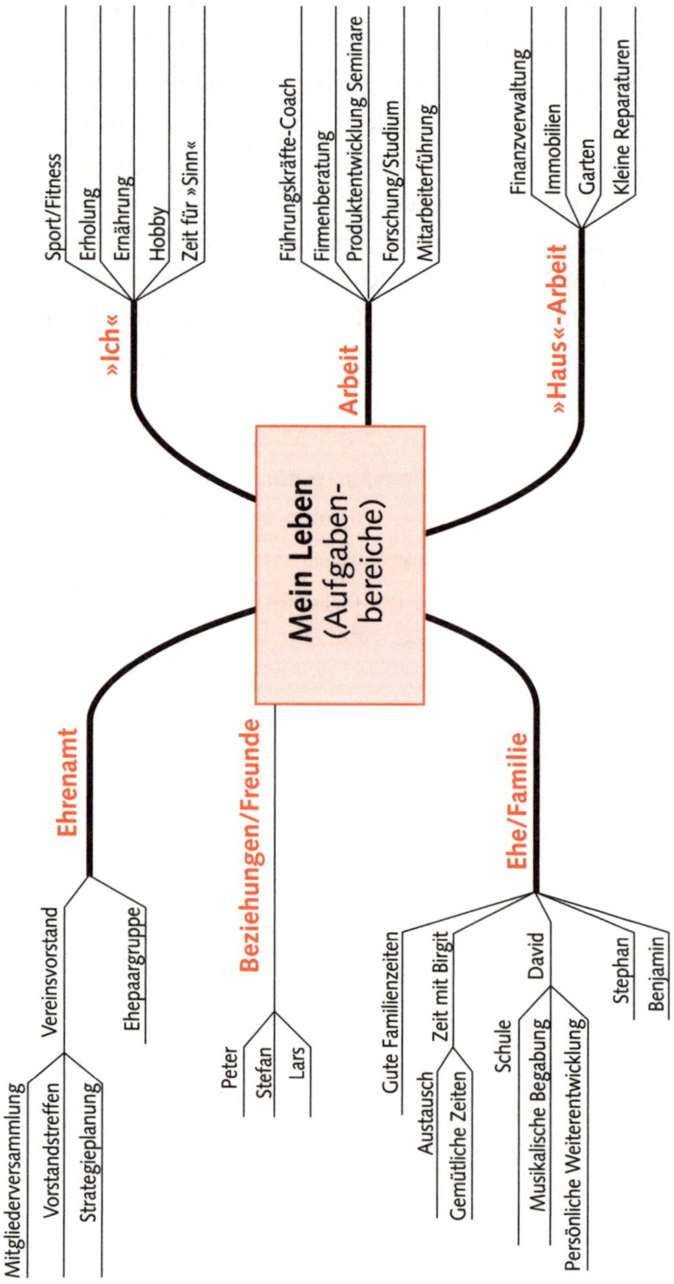
Mein Leben
(Aufgabenbereiche)
»Ich«
Sport/Fitness
Erholung
Ernährung
Hobby
Zeit für »Sinn«
Arbeit
Führungskräfte-Coach
Firmenberatung
Produktentwicklung Seminare
Forschung/Studium
Mitarbeiterführung
»Haus«-Arbeit
Finanzverwaltung
Immobilien
Garten
Kleine Reparaturen
Ehrenamt
Vereinsvorstand
Mitgliederversammlung
Vorstandstreffen
Strategieplanung
Ehepaargruppe
Beziehungen/Freunde
Peter
Stefan
Lars
Ehe/Familie
Gute Familienzeiten
Zeit mit Birgit
Austausch
Gemütliche Zeiten
David
Schule
Musikalische Begabung
Persönliche Weiterentwicklung
Stephan
Benjamin

nehme Verantwortung nur noch in dem Bewusstsein, dass ich dafür andere Dinge kürzen muss.

Können Sie es umsetzen? Wenn nicht, müssen Sie das Neinsagen lernen. Lieber enttäuschen Sie Menschen gleich, als die nächsten fünf Jahre immer unzufrieden zu sein, weil Sie nicht alles schaffen, was Sie schaffen müssten.

Sie kommen erschlagen nach Hause, haben noch tausend Dinge zu tun, fallen müde und mit schlechtem Gewissen ins Bett, dabei hätten Sie noch dies und jenes erledigen müssen. Da Sie mit fortschreitender Entspannung realisieren, was Sie alles vergessen haben, steigt Ihr Adrenalinpegel an, und Sie können ewig nicht einschlafen. Am nächsten Morgen klingelt der Wecker wieder viel zu früh – auf zur nächsten Runde ... Nein! So nicht!

Die Macht der Gewohnheit

Wenn wir das Dringende vom Wichtigen zu unterscheiden gelernt haben, so sollten wir beim Stecken von Zielen eine weitere Unterscheidungshilfe beachten: Es gibt Aktionsziele und Gewohnheitsziele. Aktionsziele beinhalten eine bestimmte einmalige Tätigkeit, Gewohnheitsziele fallen regelmäßig an. Um Ordnung in Ihrem Arbeitszimmer zu halten, sollten Sie einmal eine Grundordnung herstellen. Es gibt Kollegen, die helfen gestressten Managern für 2 500 Euro pro Tag, deren Büro aufzuräumen. Ist dieses System verankert, können Sie zum Beispiel das Gewohnheitsziel aufstellen, hier Ordnung zu halten. Sie dürfen freitags nicht eher das Büro verlassen, bis dieser Zustand wieder hergestellt ist, besser noch: jeden Abend.

Ziele sind für alle Lebensbereiche eine wichtige Hilfe. Manche von uns sind beruflich Meister im Zielesetzen, versäumen dies jedoch in anderen Lebensfeldern. Sie brauchen Ziele für die persönliche Weiterentwicklung, für Ihre Beziehungen, die Familie, den Sport ... Später werden wir Ihnen ein kleines Modell vorschlagen, das diese Punkte einbezieht.

Kann man überhaupt konkrete Ziele für Lebensbereiche setzen, die noch in weiter Zukunft liegen? Je längerfristig das Ziel gesteckt ist, desto nötiger sind natürlich regelmäßige Updates und Upgrades. Langfristige Ziele müssen regelmäßig überarbeitet, gepflegt und angepasst werden.

Warum Gewohnheitsziele so wichtig sind

Was ist Ihrer Meinung nach der häufigste Fallstrick beim Einüben neuer Gewohnheiten? Richtig – der Rückfall in alte Gewohnheiten. Wir Menschen sind Gewohnheitstiere, der eine mehr, der andere weniger. Ist Ihnen bewusst, dass Sie beim Anziehen Ihrer Schuhe immer mit dem gleichen Fuß zuerst in den entsprechenden Schuh schlüpfen? Vielleicht ist dies bei Ihren Hausschuhen immer der rechte, bei den Joggingschuhen immer der linke Fuß. Achten Sie einmal darauf: Ihre gesamten Morgenrituale laufen nahezu automatisch ab. Aufwachen, räkeln, Wecker fünf Minuten weiterstellen, aufstehen, Gang ins Bad, dann zur Kaffeemaschine. Und mit der tröstlich warmen Tasse in der Hand beginnen Sie Ihre Tour durch die Kinderzimmer: »Aaaaufstehen!«

Vielleicht sind Ihre Gewohnheiten anders, aber Sie haben Rituale fürs Überleben am Morgen, den Beginn Ihres Arbeitstages und Ihren Urlaub.

Gewohnheiten sind nicht an sich gut oder schlecht. Es ist wichtig zu prüfen: Handelt es sich *für Sie* um gute oder schlechte Gewohnheiten? Sie können es sich angewöhnen, zu schnell oder

ganz langsam zu essen. Sie können es sich angewöhnen, Ihren Tag zu planen oder ab Mittag Stress zu entwickeln, weil Sie nach dem vertrödelten Morgen den Tag doch noch erfolgreich abschließen wollen.

Solche alten Gewohnheiten sind sehr zäh, und die einzige erfolgreiche Strategie, um schlechte Gewohnheiten loszuwerden, ist, sie durch neue zu ersetzen. Regel: Wenn Sie etwas 15 Tage hintereinander praktizieren, sind Sie auf dem besten Weg, eine neue Gewohnheit zu entwickeln.

Ich mache mir an meinem Dreamday jedes Mal Gedanken, was für neue Gewohnheiten ich einüben möchte, sozusagen mein »Gewohnheiten-Jahres-Trainingsplan«. Ein paar Beispiele: Um mehr Zeit für die Kinder zu haben, überlegte ich mir, jedem meiner drei Sprösslinge am Monatsanfang einen Aktionsgutschein für eine zwei- bis dreistündige Aktion allein mit Papa zu schenken. Gedacht, getan: Sie durften im Rahmen eines begrenzten Etats einmal im Monat aussuchen, was sie allein mit Papa machen wollten. Einer meiner Söhne entführte mich zum ersten Mal in meinem Leben auf ein großes Trampolin, der nächste wollte griechisch essen, der dritte einfach mal gemütlich durch eine Parfümerie bummeln. Einmal im Monat scheint nicht viel zu sein, aber je mehr Kinder Sie haben, desto herausfordernder wird dieser Plan! Einmal angefangen, wurde der »monatliche Aktionsgutschein mit Papa« schnell zu einer eingeforderten Institution. Meine Kinder haben mir gerne geholfen, eine neue Gewohnheit daraus zu machen, die keiner von uns mehr missen will. Sie würden staunen, was ich durch meine Kinder im letzten Jahr alles unternommen habe, das ich sonst nie getan hätte! Gerade die Aktionen mit meinen Kindern machten mir erschreckend bewusst, wie selektiv ich mein Leben führe. Ich fürchte, irgendwann ist noch ein Tauchkurs dran. Vor Jahren war das für mich noch ein Horror, jetzt dagegen eine neue Welt, die sich erschließen könnte: die Ruhe unter Wasser, die Farben ...

Sie leben in einer Partnerschaft? Das Umwerben eines Partners nach Eingehen einer festen Beziehung nimmt dramatisch ab. Trotzdem ist es wichtig. Ihre Beziehung ist wie ein Bankkonto: Alles, was dem anderen gut tut, ist eine Einzahlung, alles andere sind höchstwahrscheinlich Abbuchungen. Wie hoch ist Ihr Beziehungs-Kontostand?

Machen Sie es sich zur Gewohnheit, »Einzahlungen« auf die Beziehungskonten von Menschen zu leisten, die für Sie wichtig sind. Dies kann ein kleiner Gruß und ein Geschenk für jeden Mitarbeiter an seinem Geburtstag oder seinem Eintrittsdatum in die Firma sein, aber auch das regelmäßige Mitarbeitergespräch zwei- bis dreimal pro Jahr. Ich habe es mir zur Gewohnheit gemacht, meine Frau jeweils Anfang des Monats zu einem reichhaltigen Frühstück in einem schönen Hotel einzuladen. Sie schätzt dies sehr.

Eine Herausforderung ist für mich die Gewohnheit, ihr jede Woche eine kleine Aufmerksamkeit, ein kleines Geschenk zu besorgen: mal Blumen, eine Wohnzeitschrift, ein paar feine Pralinen, eine neue CD. Sie fragen sich vielleicht, warum ich das mache? Es stellt mich jede Woche vor die Herausforderung, wie ich ihr diese Woche eine kleine Freude bereiten kann. Dies zwingt mich dazu, mich in sie hineinzudenken. Meist kommt nicht nur ein Geschenk dabei heraus. Ich höre ihr besser zu. Ich nehme mehr wahr. Diese kleine Übung ist ein großer Segen für mich und meine Beziehung.

Workshop: Gewohnheitsziele

Finden Sie Ihre Gewohnheiten und entdecken Sie die genialen Auswirkungen von mit Bedacht gesetzten Gewohnheitszielen.

1. Welcher Lebensbereich kommt bei Ihnen zu kurz?

___

___

___

2. Wo produzieren Sie regelmäßig das meiste Chaos/den größten Schaden?

___

___

___

3. Was könnten Sie regelmäßig tun, um dieses Verhalten durch etwas Positives zu ersetzen?

___

___

___

4. Sammeln Sie doch einfach einmal Ideen: Was können Sie tun, um mehr Lebens-, Arbeits- und Beziehungsqualität zu erreichen? (Lösungsideen bitte als Ziele formulieren)

___

___

___

Überprüfen Sie kritisch: Sind die oben dargestellten Ziele wirklich Ziele oder eher Wünsche, Absichtserklärungen? Wie könnten sie als Ziele formuliert lauten?

Jahrestrainingsplan für neue »gute Gewohnheiten«

Wir geben Ihnen für Ihre weitere langfristige Entwicklung zwei Instrumente an die Hand: den Jahrestrainingsplan und den Masterplan.

Der Jahrestrainingsplan

Der Jahrestrainingsplan ist eine Liste der Gewohnheiten, die Sie in der nächsten Zeit in Ihr Repertoire integrieren wollen. Ich bin froh darüber (und Sie sind es vermutlich auch), dass das regelmäßige Zähneputzen in der Zwischenzeit zu einer guten Gewohnheit geworden ist. In der Frühe gibt es ein ganzes Sortiment von Gewohnheiten, die es einem leicht machen, auch an einem verschlafenen Morgen wichtige Dinge in den Tag einzuflechten.

Eine Familienkultur funktioniert ähnlich. Aber sie sollte bewusst gebaut und gestaltet werden. Wie sieht es aus mit einer gerechten Verteilung der Haushaltspflichten? Es ist furchtbar anstrengend, jedes Mal alle Dienste neu zuzuordnen. Lassen Sie unangenehme Arbeiten rotieren, damit alle in einem für sie passenden Maß mithelfen. Oder bevorzugen Sie jedes Mal eine neue kräftezehrende Diskussion mit Krach und Unwillen?

Eine Kommunikations-, Firmen- und Mitarbeiterkultur will bewusst entwickelt werden. Bedenken Sie dabei, dass die Gestaltung sämtlicher Kulturen Zeit und regelmäßige Übung braucht. Wie feiern Sie Geburtstage? Wie gestalten Sie den Sonntag? Wie sieht es aus mit Ihrer Bewegungskultur? Auch jeden Dienstag von 19 bis 20 Uhr ins Fitnessstudio zu gehen könnte ein Teil davon sein. Ein befreundetes Ehepaar spaziert sommers wie winters jeden Abend vor dem Schlafengehen einmal 15 Minuten um den Block. Wenn Sie sich das Rauchen abgewöhnen wollen, empfehlen wir Ihnen, dies durch ein anderes Ritual zu ersetzen. Warum nicht eine Obstpause auf dem Balkon, ein Fruchtcocktail, das Genießen einer edlen Nascherei auf einem Silbertablett?

Auf Seite 205 finden Sie ein Raster für Ihren »Jahrestrainingsplan für neue gute Gewohnheiten«. Hier geht es vor allem um Ihre Gewohnheitsziele. Dieser Plan sollte nicht größer als ein DIN-A4-Blatt sein. Bewahren Sie ihn an einem Ort auf, den Sie öfters im Blick haben. Übertragen Sie die Dinge, die Sie täglich, wöchentlich, monatlich, jährlich tun wollen, auf Ihre Tages-, Wochen-, Monats- oder Jahrescheckliste. Jedes Mal, wenn Sie den entsprechenden Zeitabschnitt planen, sollte die Checkliste neben Ihnen liegen. Sie können dann Ihre Ziele terminieren.

Im Folgenden geben wir Ihnen einige Ideen und Anregungen. Machen Sie es sich zur Gewohnheit, im Beruf ...

- viermal pro Jahr Mitarbeitergespräche durchzuführen,
- jeweils zum 10. eines Monats die Vormonatszahlen zu checken,
- jeden letzten Freitag im Monat eine Stunde zu reservieren, um den nächsten Monat zu planen,
- jeden Freitag 30 Minuten zu reservieren, um die kommende Woche zu planen,
- morgens als Erstes im Büro den Tag zu planen (10 Minuten),
- mittags nach dem Essen eine kleine Runde durch den Betrieb zu machen und Small Talk mit den Mitarbeitern zu pflegen.

Machen Sie es sich zur Gewohnheit, regelmäßig auf Sinnsuche zu gehen, indem Sie

- sich zwischen Weihnachten und Neujahr und um Ihren Geburtstag anderthalb Tage zurückziehen, um Ihr Leben, Ihre Balance und Ihre Arbeit zu überdenken (Dreamday),
- sich monatlich einen halben Tag zurückziehen und zur Ruhe kommen, um den vergangenen Monat und Ihre Jahresziele zu reflektieren,
- sich sonntagnachmittags mindestens 30 Minuten für ein inspirierendes, gutes Buch nehmen (zum Beispiel Stephen Covey, *Die 7 Wege zur Effektivität* oder Anselm Grün, *Herzensruhe*).

Workshop: Mein Trainingsplan für neue gute Gewohnheiten

Legen Sie – möglichst sofort – fest, welche neuen guten Gewohnheiten Sie in Ihrem Leben verankern wollen.

Wählen Sie die Bereichsüberschriften nach einem Gliederungsraster, das für Sie aussagekräftig ist. Im Interesse Ihrer ganzheitlichen Gesundheit sollten Sie darauf achten, dass die Bereiche Selbst, Beruf, Sinn, Kontakte jeweils in mindestens einer Form erscheinen.

Es geht nicht darum, das Blatt vollständig auszufüllen, sondern vielmehr darum, einige Schlüsselgewohnheiten zu erkennen und zu integrieren.

Lebensbereich	**Gewohnheit**	**Rhythmus**
z. B. Beruf	Schreibtisch aufräumen	täglich 15 Min. vor Verlassen des Büros

Profitieren Sie von der positiven Kraft der Gewohnheit und entmachten Sie dadurch schlechte und zerstörerische, Lebensqualität raubende Gewohnheiten. Es ist Ihr Leben, gestalten Sie es!

Ihr Masterplan

Sie haben viele Workshop-Papiere ausgefüllt und eine Menge über sich erfahren. Wie schön wäre es, alles übersichtlich zu haben!

Wir bieten Ihnen dafür ein Werkzeug an: den Masterplan. Seine Aufgabe ist es, mindestens jährlich neu überarbeitet alle zentralen Punkte auf einer Seite übersichtlich darzustellen. Außerdem soll er Ihnen helfen, Schlüsselbereiche Ihres Lebens zu erkennen, für diese Schlüsselbereiche Ziele zu formulieren und diese in konkrete Schritte herunterzubrechen. Wir empfehlen Ihnen, Ihr persönliches Exemplar, das Sie hinten im Buch finden, herauszunehmen und Schritt für Schritt den vorgeschlagenen Weg mitzugehen. Sie werden die Übersichtlichkeit zu schätzen lernen.

Tragen Sie einfach ein, was Ihnen bereits bewusst ist. Manche zaudern, weil ihnen das Ergebnis noch nicht perfekt genug erscheint, doch darauf kommt es nicht an. Verbessern können Sie es später immer noch. Notieren Sie, was Sie haben!

Denn eine schriftliche Planung hat viele Vorteile:

Schriftliche Planung ...

- entlastet das Gedächtnis, der Kopf bleibt frei für andere Dinge.
- hat den psychologischen Effekt der Selbstmotivation.
- leitet zur Disziplin und Konzentration an, weniger Ablenkung.

- lässt sich regelmäßig und schnell kontrollieren, ermöglicht langfristige Erfolgskontrolle.
- sorgt dafür, dass Planung, Vorhaben und Unerledigtes nicht verloren gehen (Übertragung auf anderen Tag).
- dient dem Nachweis und Protokoll Ihrer Aktivitäten.
- zwingt zur gedanklichen Klarheit.
- gibt Ihnen einen guten Überblick.

Workshop: Mein Masterplan

Nutzen Sie den Masterplan auf der folgenden Seite als Kopiervorlage. Am besten vergrößern Sie ihn etwas, sodass Sie bequem hineinschreiben können. Wie gehen Sie nun beim Erstellen Ihres Masterplans vor?

- Die leichteste Aufgabe zuerst: Tragen Sie die Jahreszahl gleich oben links ein (1). Wenn Sie sich bereits im letzten Quartal eines Jahres befinden, dann tragen Sie gleich die Jahresziele des kommenden Jahres ein.
- Unser zweiter Schritt auf der Reise zu einer selbstbestimmten Zukunft war es, das eigene Potenzial zu entdecken. Sie haben sich auf die Suche nach Ihren Kompetenzen, Ihren Motivationsfaktoren, Ihren Persönlichkeitsstärken, Ihren Werten und Ihren Wünschen gemacht.

  Auf Seite 83 f. finden Sie Ihr Ergebnis *Kompetenzen*, auf Seite 108–110 das für *Persönlichkeitsstärken*, Ihre *Motivationsfaktoren* können Sie von Seite 101 f. übertragen, Ihre *Werte* finden Sie auf Seite 115–117, Ihre *Wünsche* auf Seite 131–135. Scheuen Sie nicht den Aufwand, Ihre Ergebnisse jetzt vom Buch auf Ihren Masterplan zu übertragen: Sie haben dann alles gut im Überblick (2).
- Was sind Stichpunkte aus Ihrer Lebensvision? Was wollen Sie aus heutiger Sicht am Ende Ihres Lebens erreicht haben? Tragen Sie nun unter (3) das erarbeitete Lebensmotto ein. Das Lebensmotto

Masterplan für das Jahr ____ (1)

Mein Lebensmotto: (3) ____

Mein Zielfoto: ____

Erkenntnisse aus den anderen Workshops: (4) a) ____ b) ____ c) ____

Meine Lebenslinie (7-Jahres-Perioden): Was will ich in den einzelnen Perioden erreichen? (5)

(2)

Erworbene Kompetenzen Seite 83 f.	Motivations-faktoren Seite 101 f.	Persönlichkeits-stärken aus DISG-Profil Seite 108–110	Werte Seite 115–117	Wünsche Auswahl von Seite 131–135

0 – 7 – 14 – 21 – 28 – 35 – 42 – 49 – 56 – 63 – 70 – 77 – 84

Die persönlichen Lebenshüte (Hauptaufgaben / Lebensbereiche) (6)	Was will ich am Ende meines Lebens erreicht haben? (Zielfoto) (7)	Was will ich am Ende dieser Periode erreicht haben? Periode von ____ bis ____ (8)	Dieses Jahr Jahr: ____ Alter: ____ Jahre (9)	Nächstes Jahr Jahr: ____ Alter: ____ Jahre (10)
1. Lebenshut:	1.	1.	1.	1.
2. Lebenshut:	2.	2.	2.	2.
3. Lebenshut:	3.	3.	3.	3.
4. Lebenshut:	4.	4.	4.	4.
5. Lebenshut:	5.	5.	5.	5.
6. Lebenshut:	6.	6.	6.	6.
7. Lebenshut:	7.	7.	7.	7.

Die Quartale in diesem Jahr (11)

	1. Quartal	2. Quartal	3. Quartal	4. Quartal
1.				
2.				
3.				
4.				
5.				
6.				
7.				

von Jörg W. Knoblauch zum Beispiel ist: »Work hard, pray hard, give people vision«. Was könnte Ihr (zumindest vorläufiges) Lebensmotto sein?

- Als Nächstes haben wir Ihnen Platz gelassen für Erkenntnisse aus den anderen Workshops 4. Vielleicht wollen Sie hier ja etwas aus dem Bereich »Familiäres Erbe« (Seite 71–73) aufschreiben oder neue Gewohnheiten, die Sie sich dieses Jahr erarbeiten wollen (Seite 205) oder Dinge, mit denen Sie sich dieses Jahr selbst belohnen wollen (Seite 246).
- Übertragen Sie nun die Lebensperioden in den Masterplan 5. Sie erinnern sich: Sie haben in Sieben-Jahres-Rhythmen unterteilt und Namen für jeweils einen Sieben-Jahres-Schritt vergeben. Auf Seite 82 finden Sie die Namen der zurückliegenden Lebensperioden. Zukünftige Lebensperioden finden Sie auf Seite 155.
- Welches sind Ihre persönlichen Lebenshüte? Was sind Ihre Hauptaufgaben, was Ihre zentralen Lebensbereiche?
  Was können solche persönlichen Lebenshüte denn nun sein? Sie sind verheiratet? Dann haben Sie einen Lebenshut als Ehemann oder Ehefrau. Sie haben Kinder? Dann haben Sie einen Lebenshut als Vater oder Mutter. Sie haben einen Arbeitsplatz? Dann ist auch dies ein Lebenshut. Sie haben Hobbys? Jedes Hobby, das Sie aktiv ausüben, ist ein Lebenshut. Vielleicht haben Sie einen großen Obstgarten hinter dem Haus, der Sie auf Trab hält? Vielleicht haben Sie pflegebedürftige Eltern? Vielleicht machen Ihnen die Finanzen große Sorgen, weil Sie mit erbrechtlichen Fragen zu tun haben? Vieleicht wohnen Sie in einem baufälligen Haus, wodurch Sie jedes Wochenende gefordert sind? All dies sind Lebenshüte.
  Legen Sie nun Ihre Hauptaufgaben für Ihre zentralen Lebensrollen fest und übertragen Sie sie unter 6 in Ihren Masterplan. Ein Beispiel zeigt, wie das aussehen kann.

Die persönlichen Lebenshüte (Hauptaufgaben/ Lebensbereiche)	Was will ich am Ende meines Lebens erreicht haben? (Zielfoto)	Was will ich am Ende dieser Periode erreicht haben?
1. Lebenshut: Ehemann	Meine Frau ist mein bester Freund.	Karin bei der Wiederaufnahme einer beruflichen Tätigkeit unterstützen
2. Lebenshut: Vater	Firma an Benno übergeben haben.	Benno eine optimale Ausbildung ermöglichen
3. Lebenshut: Geschäftsführer	Firma mit ihrer Philosophie zur Branchen-Nummer Eins auf dem deutschen Markt gemacht haben.	– Produktionskosten um 10 Prozent reduzieren – schlanke Organisationsstrukturen einführen
4. Lebenshut: Mitglied im Gemeinderat	Lösung der wichtigsten Probleme zwischen Jung und Alt in der Gemeinde.	– Arbeitskreis bilden – Zugang zu den drei Jugendgruppen aufbauen
5. Lebenshut: Mitarbeiter in der Kirchengemeinde	Mitgeholfen, eine attraktive Gemeinde geschaffen zu haben, zu der die Menschen von weit her kommen.	Kernthema der Gemeinde trägt eine gemeinsame Vision
6. Lebenshut: Hobbykoch	Ein erfolgreiches Kochbuch mit Rezepten aus allen Erdteilen zusammengestellt und veröffentlicht haben.	Französische Küche vor Ort erfahren und erlernen.
7. Lebenshut: Gesundheit/ Fitness	Sagen können: „Ich habe stets das Beste für meine Gesundheit getan."	30 Minuten laufen, ohne die Puste zu verlieren.

- Als Nächstes die wichtige Frage: Was wollen Sie in diesen zentralen Bereichen am Ende Ihres Lebens erreicht haben? 7
- Denken Sie an die nächste Lebensperiode, zum Beispiel den Zeitraum zwischen 42 und 49 Jahren. Was wollen Sie am Ende der Periode, in der Sie gerade stehen, erreicht haben? Welchen Namen haben Sie dieser Periode gegeben? 8
- Nun zum laufenden oder unmittelbar vor Ihnen liegenden Jahr: Was muss in diesem Jahr realisiert werden, damit Sie auf dem Weg

zu dem sind, was Sie in diesem Bereich als das beste Ziel für die nächsten Jahre erkennen? ⑨

- Was ist der notwendige Schritt, den Sie nächstes Jahr gehen müssen? Wenn Sie nächstes Jahr bauen wollen, ist es beispielsweise mit Sicherheit notwendig, schon jetzt Ihre Finanzen darauf auszurichten. ⑩
- Abschließend brechen Sie Ihre Planung in konkrete Quartalsschritte herunter ⑪. Was müssen Sie im ersten Quartal sparen, um den neuen Wintergarten zu finanzieren, wie viel im zweiten?

Das kommt Ihnen sehr aufwändig, wie ein umfangreiches Projekt vor? Nutzen Sie Ihren regelmäßigen Dreamday für die Arbeit am Masterplan! Weitere Masterplan-Formulare können Sie selbst erstellen oder unter www.tempus.de bestellen.

Durch Wochenplanung Prioritäten managen

Die Woche ist der optimale Planungszeitraum. Ein einziger Wochentag ist viel zu kurz, um alles Wichtige darin unterzubringen. Aber innerhalb einer Woche muss dies geschehen, sonst ist es kein Schlüsselbereich Ihres Lebens, sondern maximal ein stiefmütterlich behandeltes Anhängsel. Natürlich gibt es Ausnahmen – denken Sie an Ihren Urlaub. Aber gerade was Balance anbelangt, sollten Sie jede Woche in jeden der vier Bereiche (Arbeit, Beziehungen, Körper, Sinn) investieren. Ähnliches gilt für Ihre zentralen Lebensbereiche.

Sie gewinnen Balance, Gelassenheit und Zeit für das Wesentliche, wenn Sie jede Woche für jeden zentralen Lebensbereich einen konkreten Schwerpunkt, ein klares Ziel setzen. Was könnten Sie diese Woche tun, um im Sinne der Pareto-Regel Ihrem Jahresziel näher zu kommen? Mit der wöchentlichen Prioritätenplanung gelingt Ihnen der Spagat zwischen Vision und Aktion. Entscheidend dabei ist, dass Sie für alle wichtigen, zum Ziel führenden Aktivitäten zuerst entsprechende Zeitfenster oder Termine mit sich selbst einüben. Viele unserer Zeitgenossen lassen sich von der Dringlichkeit leiten. Die wenige Zeit, die noch übrig bleibt, bekommt das Wichtige in unserem Leben. Erinnern Sie sich hier an das Kieselprinzip: Sie müssen zuerst die großen Steine für die echten Prioritäten Ihres Lebens unterbringen. Dazwischen bleibt noch genug Platz für Kies, Sand und Wasser!

Eine nach diesem Prinzip ausgerichtete Wochenplanung mit Prioritäten und Zeitfenstern für das wirklich Wichtige stellt den Schlüssel für eine ausgewogene Zeit- und Lebensbalance dar. Sie können nie alles schaffen, was sinnvoll, möglich und gut ist. Aber Sie müssen den Ihnen zur Verfügung stehenden Zeitrahmen optimal nutzen. Das tun Sie, wenn Sie sich Ihrer Begabung und Berufung bewusst sind, wenn Sie am Anfang das Ende im Blick haben und sich in verantwortungsvoller Balance Zeit für das wirklich Wichtige nehmen. Haben Sie das Wichtige nicht nur irgendwo im Hinterkopf, sondern auch schriftlich fixiert, fällt es Ihnen leichter, Nein zu Dringendem, aber Unwichtigem zu sagen. Planen Sie Termine mit sich selbst! Tragen Sie diese fest in Ihr Zeitplansystem (tempus, Küchenkalender oder Ähnliches) ein. Diese Termine haben mindestens die gleiche Berechtigung wie viele andere wichtig scheinende Dinge. Ist der Termin erst notiert, kann er nicht mehr so leicht durch das Tagesgeschäft überrollt werden. Die Unabwägbarkeiten des Alltags bringen es häufig mit sich, dass Sie von den Prioritäten anderer verplant werden. Das Wichtige bleibt dann wieder zugunsten des Dringlichen auf der Strecke. Nochmals: Blockieren Sie rechtzeitig die entsprechende Zeit für Ihre Schlüsselbereiche und -aufgaben!

Sie können Ihre Woche auch so planen, dass Sie jeden Lebensbereich einem bestimmten Wochentag zuordnen. Auf jeden Fall müssen Sie im Tagesgeschehen flexibel bleiben: Es geht darum, sich in die richtige Richtung zu bewegen, nicht darum, sich sklavisch an einen Plan zu halten. Bei der praktischen Umsetzung hat sich der Wochenkompass bewährt. Mit diesem Formular lässt sich die wöchentliche Prioritätenplanung für die einzelnen Lebensbereiche auf einem schmalen Heftstreifen in einer gelochten Klarsichthülle zwischen die herkömmlichen Tages- und Wochenpläne legen.

Wochen-Kompass

Datum/KW: __________

Balance der Lebensbereiche

Körper

Leistung

Kontakt

Sinn

Lebenshut:

Aktivitäten

Lebenshut:

Aktivitäten

Lebenshut:

Aktivitäten

Lebenshut:

Aktivitäten

Lebenshut:

Aktivitäten

Ihr Wochen-Kompass

Den Tag effektiv gestalten

Natürlich ist es eine enorme Hilfe, nicht nur die Woche, sondern auch den Tag zu planen. Es spart Zeit und Kraft. Im Folgenden wollen wir Ihnen ein paar Tipps für Ihre Tagesplanung geben. Wie Sie Ihren Tag planen, wird sehr stark von Ihren beruflichen Gegebenheiten abhängen. Aber denken Sie daran: Planen bedeutet nicht, ein knallhartes Korsett zu entwerfen, wie der kommende Tag abzulaufen hat, sondern bewusstes Gestalten statt fremdbestimmten Lebens.

Das Wichtigste zuerst: Stolpern Sie nie in den Arbeitstag (eigentlich sollten Sie nicht einmal in einen Urlaubstag stolpern). Beginnen Sie Ihren Dienst am Schreibtisch nicht mit dem Lesen der Post oder E-Mails. Sie tappen sonst schneller in die Dringlichkeitsfalle, als Sie ahnen. Beginnen Sie den Tag mit einer kurzen Planungsphase: Was ist heute dran? Was will ich auf jeden Fall erreichen? Selbstverständlich kann es dann vorkommen, dass in der Post etwas liegt, was brandaktuell Ihre ganze Arbeitsenergie fordert. Ist das der Fall, dann treffen Sie eine bewusste Entscheidung gegen Ihren ursprünglichen Tagesplan – zugunsten einer Aufgabe, die eine noch höhere Priorität hat. So viel Flexibilität brauchen Sie immer. Wer den Tag indessen nicht planend beginnt, der lässt sich möglicherweise schnell die Prioritäten von anderen diktieren.

Tagesplanung kostet Zeit. Fünf bis zehn Minuten sind angemessen. Wenn Sie diese Minuten konsequent investieren, werden Sie allerdings ein Mehrfaches an Zeit sparen. Denn Sie bauen damit einen Schutzschild gegen Zeitdiebe auf, verlegen konzentrierte Arbeiten ins richtige Zeitfenster und sind dadurch schneller, bereiten Termine besser vor und machen sie effektiver. Die Planungsminuten am Morgen sind allerbestens investiert. Ihr Tagesplan ist wie eine Landkarte für den Tag. Sie entwickeln bereits morgens eine Vorstellung, wo Sie sich wann befinden werden – räumlich, vor allem aber geistig. Allein das prägt schon Ihr Bewusstsein und macht Ihr Arbeiten zielgerichteter.

Wenn Sie bereits Erfahrung mit der Wochenplanung haben, können Sie ähnliche Prinzipien für den einzelnen Tag anwenden. Bewährt hat sich die verbreitete ALPEN-Methode, weil sie alle notwendigen Schritte zusammenfasst.

A – Aufgaben auflisten. Stellen Sie zusammen, was an diesem Tag die wichtigsten zu erledigenden Dinge sind. Manche Punkte sind bereits vorgegeben wie die Konferenz um 11 Uhr oder der Volkshochschulkurs am Abend. Andere unterliegen Ihrer freien Zeiteinteilung. Denken Sie auch an die wichtigen Dinge, die Sie gestern trotz guter Planung nicht mehr geschafft haben. Berücksichtigen Sie Anrufe und Briefe, die an diesem Tag zu erledigen sind.

L – Länge schätzen. Überschlagen Sie zu jeder Aufgabe den vermutlichen Zeitaufwand. Seien Sie dabei nicht zu großzügig, denn es ist eine alte Erfahrung: Man benötigt oft so viel Zeit für eine Aufgabe, wie zur Verfügung steht. Setzen Sie sich also durchaus ein wenig unter Druck.

P – Pufferzeiten reservieren. Als Faustregel gilt: Verplanen Sie nicht mehr als 60 Prozent Ihrer Arbeitszeit. Es passiert immer etwas, was Ihre Aufmerksamkeit von der eigentlichen Aufgabe ablenkt – überraschend lange Telefonate, Rückfragen von einer anderen Abteilung, unvorhergesehene Veränderungen. Es macht also keinen Sinn, bei einem Acht-Stunden-Tag mehr als fünf Stunden zu

verplanen. Fünf Stunden sind einerseits erschreckend wenig. Wenn Sie es allerdings hinbekommen, jeden Arbeitstag fünf Stunden hoch konzentriert an den wirklich wichtigen Dingen zu arbeiten – dann werden Sie mehr bewegen als die meisten Ihrer Kollegen an einem planlosen Zehn-Stunden-Arbeitstag.

E – Entscheidungen treffen. Da Sie immer mehr zu tun hätten, als Sie tun können, entscheiden Sie lieber gleich: Wo wollen Sie an diesem Tag die Priorität setzen? Welche Aufgabe wollen Sie kürzen? Was lässt sich delegieren, damit Sie es nicht selbst erledigen müssen? Spätestens an dieser Stelle erkennen Sie erneut, wie wichtig Visionen und langfristige Ziele sind. Wenn Sie diese vor Augen haben, wird es Ihnen in der Regel leicht fallen zu entscheiden, was an diesem Tag für Sie von allerhöchster Priorität ist.

N – Niederschreiben in einen Tagesplan und rückblickende Kontrolle. Überprüfen Sie am Ende eines Arbeitstages, was Sie erreicht haben. Wo etwas nicht geklappt hat, machen Sie sich den Grund dafür klar. Nur so können Sie Ihre Planung verbessern. Übertragen Sie Unerledigtes auf den nächsten Tag.

Die Anwendung der ALPEN-Methode wird für Sie wesentlich einfacher, wenn Sie ein modernes Zeitplanbuch verwenden. Intelligent gestaltet, finden Sie dort Übersichten für Ihre Ziele, Jahres-, Wochen- und Tagespläne, To-do-Listen und anderes. Alles, was Sie für die Umsetzung Ihrer Lebens- und Berufsplanung brauchen, fassen Sie hier zusammen.

Denken Sie beim Eintragen in den Tagesplan an Ihre Leistungskurve. Die meisten Menschen sind nach dem Mittagessen nicht zur Hochleistung fähig. Planen Sie für die Zeit zwischen 13 und 14 Uhr lieber Routinearbeiten ein (Post, Zeitschriftenartikel durchlesen, Aufräumen). Widmen Sie sich auch nur zwei- bis dreimal pro Tag eingehenden E-Mails. Das meiste davon ist ohnehin Datenschrott. Elektronische Briefe schädigen die Wirtschaft heute vermutlich mehr als die Korruption, sie sind eine permanente Quelle der Ablenkung. Lassen Sie sich dadurch die Konzentration nicht rauben.

Und noch ein Tipp: Wenn uns eine Aufgabe unangenehm ist, neigen wir dazu, sie zu verschieben – und sei sie noch so wichtig. Nehmen Sie sich deshalb vor, eine dieser unangenehmen Aufgaben noch am Vormittag zu erledigen. Das kann der Anruf beim unverschämtesten Kunden Ihres Unternehmens sein oder die Nachlieferung einer Dokumentation, die Sie der Nachbarabteilung schicken müssen. Wenn Sie diesen Punkt abgehakt haben, geht es Ihnen besser. Sie haben gleichsam Müll aus Ihrem Arbeitsfeld entfernt und können sich jetzt umso freier den Aufgaben widmen, an denen Sie auch Spaß haben.

Die Tagesplanung bietet Ihnen viele Vorteile. Sie macht den Tag überschaubar und verschafft Ihnen die nötige Gelassenheit. Unnötiger Zeitdruck wird vermieden. Die Gewissheit, an den wirklich wichtigen Aufgaben zu arbeiten, motiviert und macht sowohl effektiv als auch effizient. Wenn Sie dann auch noch im Verlauf einer Woche an den verschiedenen Tagen Aktivitäten einplanen, die Ihr Leben in Balance halten, sind Sie der selbstbestimmten Zukunft bereits einen wichtigen Schritt entgegengegangen.

Je besser wir unseren Tag einteilen und planen, desto besser können wir ihn für unsere eigenen Zielvorstellungen nutzen.

Die sieben Grundregeln zur Tagesplanung lauten:

1. Oberstes Planungsprinzip ist die Schriftlichkeit.
   Alle Aktivitäten, Aufgaben und Termine sofort im Zeitplanbuch notieren. Nur so behalten Sie bei jeder Gelegenheit den Überblick und können sich auf das Wesentliche konzentrieren.
2. Planen Sie am Vorabend den neuen Arbeitstag.
   Lassen Sie Ihr Unterbewusstsein für sich arbeiten und seine schöpferischen Kräfte über Nacht wirken.
3. Zeitbedarf schätzen und Zeitlimits setzen.
   Auch jedes Geldbudget muss irgendwie kalkuliert sein. Bedenken Sie: Zeit ist noch wertvoller als Geld! Eine ungenaue Schätzung ist besser als gar keine. Darum:
4. Nicht den ganzen Tag verplanen (50/50-Regel).
   Ein realistischer Tagesplan sollte grundsätzlich nur das enthalten, was Sie an diesem Tag erledigen wollen – und auch können. Weniger ist mehr! Lassen Sie noch eine Pufferzeit von 40 bis 50 Prozent übrig. Die Erfahrung wird Ihnen zeigen, was in Ihrem Arbeitsalltag machbar und planbar ist – und was nicht.
5. Fassen Sie gleichartige Aktivitäten zu Arbeits- und Zeitblöcken zusammen und geben Sie Ihrem Tag eine grobe Struktur – bleiben Sie aber flexibel!
   Ein Tagesablauf könnte etwa so aussehen:

   08.30 – 10.00 Uhr: Arbeit an einer A-Aufgabe (konzentriertes Arbeiten ohne Unterbrechungen und Anrufe)
   10.00 – 11.00 Uhr: Kommunikationspause (Rücksprache mit Mitarbeitern, Telefonate)
   11.00 – 12.00 Uhr: Arbeit an einer A-Aufgabe oder Besprechung/Meetings (nie länger als 1 Stunde)
   12.00 – 13.00 Uhr: Mittagspause
   13.00 – 14.00 Uhr: soziale Kommunikation, Post durcharbeiten, Fachzeitschriften lesen, C-Aufgaben

14.00 – 15.00 Uhr: Arbeit an einer B-Aufgabe (konzentriertes Arbeiten ohne Unterbrechungen und Anrufe)
15.00 – 16.00 Uhr: Kommunikationspause (Rücksprache mit Mitarbeitern, Telefonate)
16.00 – 17.00 Uhr: B-Aufgabe oder Besprechung/Meetings (nie länger als 1 Stunde)
17.00 – 17.30 Uhr: Tageskontrolle und Tagesplan mit Vorbereitung für den nächsten Tag, Feierabend

6. Fokussieren Sie sich konsequent auf Ihre Prioritäten.
   Fragen Sie immer wieder: Was ist wirklich wesentlich? Was bringt mich meinen Zielen näher? Was würde passieren, wenn ich losließe und dieses To-do nicht täte?
7. Beginnen, bewältigen und beenden Sie den Tag positiv.

Ihre innere Einstellung bestimmt Ihr Verhalten und das Ihrer Umwelt. Denken, handeln und leben Sie positiv. Haben Sie Spaß an Ihrem Erfolg.

Die Gelassenheit genießen

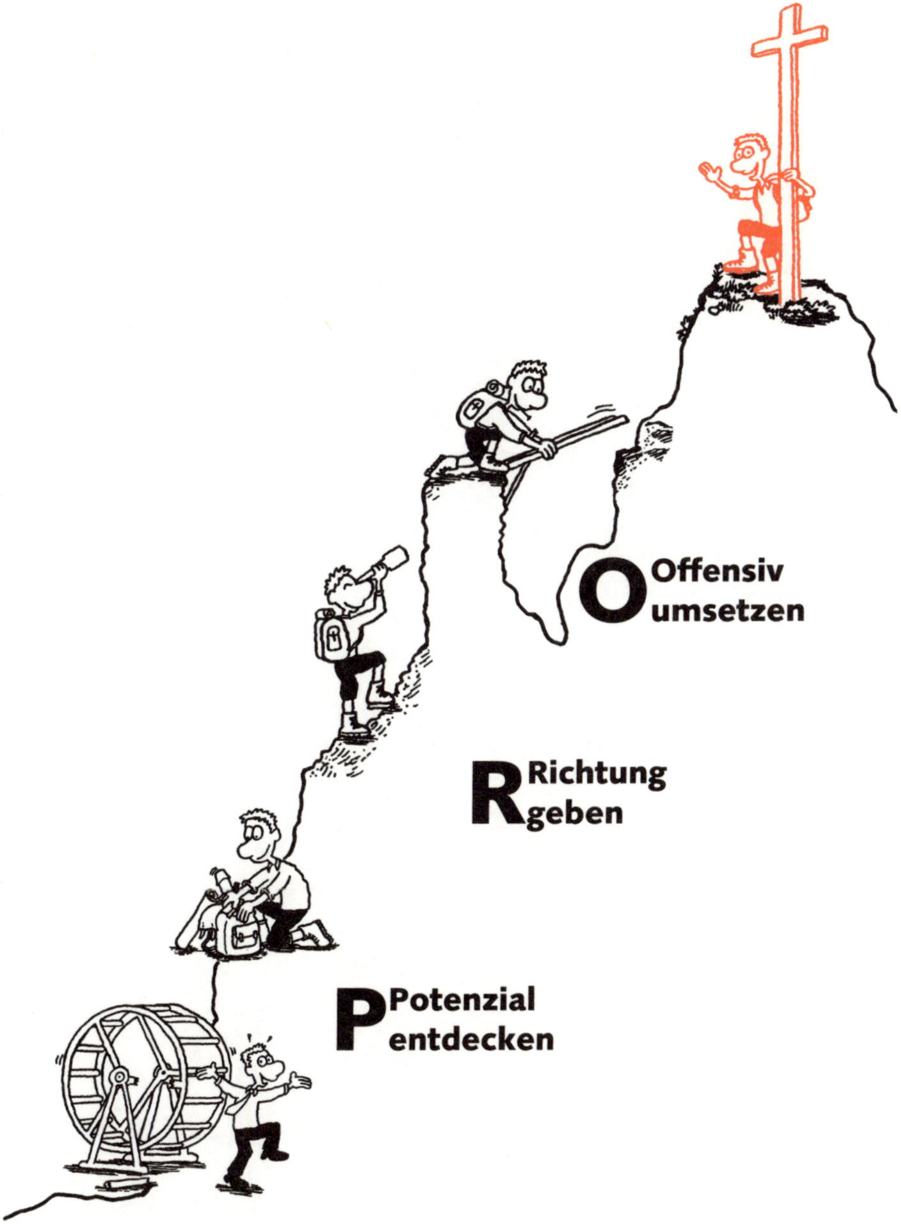

Gib jedem Tag die Chance,
der schönste deines Lebens zu werden.

Mark Twain

Sie sind am Gipfelkreuz angekommen. Sie wissen jetzt, wie Sie Ihre Träume und Lebensziele verwirklichen. Wenn Sie die Anstrengungen der vergangenen Kapitel auf sich genommen haben, gleichen Sie einem Töpfer, der seine schwere Drehscheibe in Schwung gebracht hat. Der Kraftaufwand ist zu Beginn am größten. Später reicht ein Tippen mit dem Fuß – und die Scheibe bleibt in Schwung. Um im Bild zu bleiben: Auf der Töpferscheibe liegt Ihr Leben. Sie haben sich entschlossen, die Form Ihres Lebens zu verbessern, zu verfeinern, zu verschönern. Die Grundlagen dazu wurden in den vorausgegangenen Kapiteln gelegt.

Vielleicht haben Sie sich mitten im Prozess gefragt: Lohnt sich dieser Aufwand, so intensiv über die verschiedenen Lebensfragen nachzudenken? Viel wahrscheinlicher aber ist Ihnen von Kapitel zu Kapitel und von Workshop zu Workshop die Dynamik des Aufbruchs zu einer selbstbestimmten Zukunft deutlicher bewusst geworden. Wenn Sie es bis zu dieser Seite geschafft haben, wenn Sie wirklich mitgearbeitet haben, dann liegt das Hamsterrad bereits definitiv hinter Ihnen. Ein Gefühl der Befreiung hat sich eingestellt. Sie sind aus der Tretmühle eines von außen aufgezwängten Lebensmodells ausgebrochen und zu einem Leben in Balance aufgebrochen. Jetzt müssen Sie alles daransetzen, dass sich diese Richtung Ihrer Lebens- und Berufsplanung nie wieder umkehrt. Das Hamsterrad ist kein guter Ort – weder für Sie noch für sonst einen Menschen.

Die zentrale Frage nach dem Ziel Ihres Lebens haben Sie nun erst einmal beantwortet. Sie können allerdings immer nur von dem ausgehen, was Sie heute wissen. Da sich dieses Wissen ändert, werden sich im Lauf der Zeit eventuell auch Ihre Fernziele verschieben. Das spricht dann nur für Ihre Weiterentwicklung und persönliche Reife. Gerade deshalb ist dieser Prozess, den Sie mit uns durchlaufen haben, auch mehr ein Modell für eine regelmäßige Überprüfung Ihrer Lebensziele und -gestaltung als eine einmalige Aktion. Den besten Nutzen ziehen Sie daraus, wenn Sie dieses Buch mindestens zweimal im Jahr aus dem Regal nehmen, Ihre Notizen ergänzen und die PRO-Methode erneut auf sich anwenden, um verantwortlich und proaktiv Ihr Leben zu gestalten.

Nun kommt es also darauf an, die Töpferscheibe in Schwung zu halten. Haben Sie sie aus Nachlässigkeit erst einmal zum Stillstand kommen lassen, ist es viel anstrengender, sie erneut zum Rotieren zu bringen. Vermutlich verstehen Sie jetzt besser, warum wir Ihnen empfohlen haben, den Dreamday regelmäßig in Ihren Terminkalender einzutragen. Das ist geradezu eine Notwendigkeit, um in Balance zu leben. Und es wird von Mal zu Mal bereichernder. Beim ersten Dreamday haben Sie die Grundfragen Ihres Lebens bearbeitet und in Ansätzen geklärt. In den folgenden Dreamdays können Sie sich an die Feinarbeit machen. Ihr Leben wird erfüllter, sinnhafter, dichter. Wenn Sie an Ihrem Dreamday die verschiedenen Lebensrollen reflektieren, die Ihnen zu Eigen sind, bringen Sie sich immer wieder auf Kurs. Die Richtung stimmt, die Kursabweichungen werden von Quartal zu Quartal geringer. Diese Gewissheit ist eine wichtige Quelle von Gelassenheit. Sinnentleerter Aktivismus dagegen macht krank.

Werden Sie ein Lebenskünstler

Wie wird man zum Lebenskünstler? Man sammelt seine ersten Erfahrungen als Lehrling und legt in der Bewältigung des normalen Alltags seine Gesellenprüfung ab. Auch Michelangelo war einmal Azubi! Sein Meister kam eines Tages zu ihm und zerstörte eine gerade erstellte wunderbare Statue mit den Worten: »Merke dir, Begabung ist billig, Hingabe ist Gold.« Damit zeigte er auf zugegeben grobe Weise, dass es nicht genügt, der eigenen Kreativität freien Lauf zu lassen. Man muss darüber hinaus hart daran arbeiten, von einem guten zu einem exzellenten Ergebnis zu kommen. Auch wenn man solche Pädagogik ablehnt – die Aussage stimmt. In der konsequenten Umsetzung ist der durchschnittlich Begabte dem nicht konsequenten Genie haushoch überlegen! Werden Sie zum Künstler, lassen Sie Ihr Leben ein Kunstwerk sein, arbeiten Sie hart daran! Das bringt erfülltes Leben – das *ist* erfülltes Leben!

Künstler im Hinblick auf sein eigenes Leben und seinen Alltag zu sein ist keine leichte Sache. Manchmal gibt es unliebsame Überraschungen und Katastrophen. Denken wir nur an das Jahrhunderthochwasser im Osten Deutschlands, in Österreich und Tschechien. Träume, Werte und Visionen vieler hart arbeitender Menschen gingen im wahrsten Sinne des Wortes in den Fluten unter.

Bei einer Beratung lernten wir einen 57-jährigen Lebenskünstler kennen. Es war beeindruckend, wie verantwortungsbewusst er mit seinem Leben, seiner Frau und seinen schon erwachsenen Kindern umging. Er war Chemiker in einer Firma in Ostdeutschland. Eines Morgens stand sein 35-jähriger Kollege mit den Tränen kämpfend an seinem Arbeitsplatz. Auf die Frage, warum er so bedrückt sei, antwortete dieser: »Ich habe gerade meine betriebsbedingte Kündigung bekommen. In sechs Wochen muss ich die Firma verlassen. Sie haben nicht mehr genug Arbeit für alle. Ich habe eine pflegebedürftige Mutter, meine Frau ist gerade mit dem dritten Kind schwanger. Wir haben gebaut ...« Unser Lebenskünstler verabschiedete sich, nachdem er dem leidenden Kollegen eine Zeit lang einfühlsam zugehört hatte. Nach einem längeren Telefonat mit seiner Ehefrau verschwand er. Etwas später kam der Firmenchef zu dem 35-Jährigen und sagte: »Ihre Kündigung wird zurückgezogen. Ihr Kollege hat angeboten, an Ihrer Statt zu gehen. Sein Haus sei abbezahlt und er könne, falls er hier keine Arbeit finde, notfalls auch in den Vorruhestand wechseln.« Im Rahmen seines »Lebenskurven-Workshops« erzählte uns der Lebenskünstler diese Geschichte. Ihm war klar, dass er keinen adäquaten Job finden würde. Er kam aber zu unserem Seminar, um nachzudenken, wie er verantwortungsvoll sein Leben weiterentwickeln könnte. Das Geld für das Seminar hatte er sich als Hilfsarbeiter verdient. Er und seine Frau waren nach wie vor sicher, das Richtige getan zu haben.

Das Richtige zu tun ist nicht immer leicht. Es muss nicht so heroisch sein wie in der eben beschriebenen Geschichte. Aber es kostet Anstrengung, konsequent und verantwortlich den Alltag zu gestalten. Wir versprechen Ihnen jedoch, wenn Sie einmal hiervon »gekostet« haben, möchten Sie keinen anderen Wein mehr trinken. Eine große Gefahr ist es, sich mit anderen zu vergleichen: Neid ist der Glückskiller Nummer eins. Immer nur nach den anderen zu schielen und dem Wahn zu erliegen, alle anderen hätten es besser, zehrt an der Substanz. Es geht darum, authentisch zu leben und daraus eigenverantwortlich das eigene Leben zu gestalten, auch wenn das Auto des Nachbarn ein paar PS mehr hat.

Was Sie für sich als wichtig erkannt haben, haben wir auf eine Wochen- und die konkrete Tagesplanung angewendet. Das soll aber nicht dazu führen, dass Sie nur ein Hamsterrad gegen ein anderes tauschen. Es geht nicht um höhere Weihen im Kampf um einen effizienteren Lebensstil. Es geht tatsächlich um eine selbstbestimmte Zukunft, ein ausbalanciertes Leben, in dem selbst unvorhergesehene Ereignisse Sie höchstens vorübergehend von Ihrem eigentlichen Ziel ablenken können. Diese Gelassenheit gilt es zu genießen.

Lebenskünstler zu sein bedeutet allerdings auch, Neues zu riskieren und nicht nur jeden Lebensschritt danach zu bemessen, ob er mit unserem Sicherheitsdenken vereinbar ist. »Es gibt keine Sicherheiten im Leben, nur Chancen«, sagt Mark Twain. Wir haben immer wieder beobachtet, dass Menschen in der zweiten Lebenshälfte »ausgestiegen« sind. Sie haben den Arbeitsplatz gewechselt,

manche sind sogar in ein anderes Land gezogen. Vordergründig haben sie ihrem Erfolg damit geschadet. Aber ihrem Leben haben sie damit eine neue Richtung gegeben und es in eine Fülle geführt, die sich materiell nicht aufwiegen lässt.

Der amerikanische Lyriker Robert Frost schreibt: »Zwei Wege gingen in einem Wald auseinander, und ich – ich wählte den weniger begangenen. Und das machte den ganzen Unterschied aus.« Das sind Zeilen eines Lebenskünstlers! Wer nur auf ausgetretenen Pfaden geht, führt vielleicht ein relativ sicheres Leben. Aber dieses Sicherheitsdenken raubt den Blick für neue Chancen. Ein bisschen Risiko muss schon sein, wenn Sie wirklich das Optimale aus Ihrem Leben herausholen wollen. Das soll kein Plädoyer für unvernünftiges Verhalten sein. Vielmehr werben wir dafür, die Fesseln abzustreifen, die uns davon abhalten, echte Lebenskünstler zu werden. Wir halten es mit Norman Vincent Peale, einem Altmeister des Optimismus: »Wirf dein Herz über den Zaun – und der Rest wird nachkommen.«

Wer nicht genießen kann, wird ungenießbar

Sie sind aus dem Hamsterrad ausgebrochen. Wenn Sie nun Ihre Energie einsetzen, drehen Sie nicht mehr ein Rad im Kreis, sondern kommen mit festem Boden unter den Füßen Schritt für Schritt voran. Allerdings wird Sie auch das nicht dauerhaft zufrieden stellen, wenn Sie nicht einen angemessenen Ausgleich für Ihre Anstrengungen finden – Zeiten der Ruhe und der Entspannung.

Am Anfang der Bibel steht die bekannte Schöpfungsgeschichte, die mit einem überraschenden Ende aufwartet. Beschrieben wird zunächst, wie Gott an sechs Tagen die Welt erschuf. Das Wort, das hier im Originaltext für Tag steht, bedeutet übrigens »Zeitabschnitt«. Auch die Schöpfung war nicht im ersten Zeitabschnitt komplett. Sie durfte sich entwickeln. Und was passierte am siebten Tag? Verordnete Gott den Menschen, die er, wie es heißt, nach seinem Bilde geschaffen hat, einen Ruhetag? – Falsch! Gott selbst ruhte am siebten Tag, heißt es im ersten Buch der Bibel.

Eine wichtige Erfahrung zieht sich durch die gesamte Menschheitsgeschichte: Wir Menschen existieren nicht nur, um zu arbeiten, selbst im Ruhen spiegeln wir etwas Göttliches wider. Etwas zu schaffen ist wichtig, es gehört zum Wesen des Menschen. Der Mensch wird krank, wenn er nicht gestaltend wirken kann. Wir haben in unserer Praxis etliche Zeitgenossen beraten, die es finanziell wahrlich nicht mehr nötig hatten zu arbeiten. Nach einiger Zeit mit

Partys und monatelangem Urlaub war in ihnen jedoch der Wunsch gewachsen, etwas zu schaffen, mit ihrer Arbeitskraft dazu beizutragen, dass diese Welt ein Stück besser wird.

Wir Menschen brauchen eine Balance aus Arbeit und Ruhe. Ruhelosigkeit ist ein Kreativitätskiller und Ursache für Krankheiten. Sechs Tage in der Woche zu arbeiten ist wirklich genug, genießen Sie den siebten! Während der Französischen Revolution versuchte man per Dekret, eine Zehn-Tage-Woche einzuführen, doch sie setzte sich nicht durch. Stellen Sie sich vor, Sie hätten nur jeden zehnten Tag frei! Kreativität braucht Ruhe. Zugegeben, den meisten fällt es schwer, zur Ruhe zu kommen. Aber es ist von überraschender Dynamik, einfach einmal nur dazusitzen, ein schönes Buch zu lesen, einen Film zu genießen, Zeit für sich zu haben, die Wolken zu beobachten ...

Nochmals: Der wöchentliche Ruhetag ist ein wesentlicher Schlüssel zu einem Leben in Gelassenheit. Bitte entwickeln Sie keinen Sonntagsstress. Schreiben Sie lieber ein Drehbuch für »Ihren« Sonntag. Wenn Sie regelmäßig sonntags arbeiten müssen, dann suchen Sie sich einen anderen Ruhetag, aber nehmen Sie sich einen Tag pro Woche, zum eigenen Wohl und zum Wohl Ihrer Umwelt! Wenn Sie ausgeruht sind, bringen auch unangenehme Dinge Sie viel weniger aus dem Konzept. Ist man angespannt, reagiert man leicht übermäßig heftig. Man tendiert während der Woche dazu, vieles unter den Teppich zu kehren – wird es zu viel, entwickelt es sich womöglich zur Tretmine.

Familie steht heute hoch im Kurs, obwohl oder vielleicht gerade weil Beziehungen heute häufiger scheitern als früher. Sie kosten Energie: Kleine Kinder können beispielsweise sehr anstrengend sein. Seien Sie in dieser kräftezehrenden Situation nicht nur Opfer, sondern gestalten Sie Ihre Entspannung. Wenn Sie allein erziehend sind, besorgen Sie sich vielleicht für einen halben Tag pro Woche einen Babysitter, um sich ein bisschen Schlaf zu gönnen, vielleicht auch mal in Ruhe ein schönes Buch zu lesen oder mit einer Freundin einen Kaffee zu trinken. Ehepaare haben es leichter: Schenken Sie einander wöchentlich eine Ruhezeit, in der jeder einmal ausschlafen darf oder einfach Zeit für sich hat.

Es gibt noch einen Grund, warum wir Phasen der Ruhe brauchen: Wir müssen unsere Seele vor einer Reizüberflutung schützen. Lassen Sie sich überraschen, wie gut es tut, einen Tag in der Woche zur Ruhe, zur Besinnung, zum Nachdenken und zur Erholung zu kommen. Gerade wenn es Ihnen sehr schwer fällt abzuschalten, ist das besonders wichtig. Wer nicht genießen kann, wird ungenießbar! Verschieben Sie das Genießen nicht auf später.

Nimm dir Zeit, den Duft der Rosen zu genießen

Nimm dir Zeit zum Denken, es ist die Quelle der Kraft.
Nimm dir Zeit für die Arbeit, denn dies ist der Preis des Erfolges.
Nimm dir Zeit zum Spielen, dies ist das Geheimnis der Jugend.
Nimm dir Zeit zum Lesen, dies ist die Grundlage des Wissens.
Nimm dir Zeit für die Andacht, das wäscht den irdischen Staub von deinen Augen.

Nimm dir Zeit zum Träumen, dies ist der Weg zu den Sternen.
Nimm dir Zeit zum Lachen, das hilft, die Bürden des Lebens zu tragen.
Nimm dir Zeit für die Liebe, sie ist der wahre Reichtum des Lebens.
Nimm dir Zeit, dich umzuschauen, der Tag ist zu kurz, um selbstsüchtig zu sein.
Nimm dir Zeit, um mit Freunden zusammenzusein und ihnen zu helfen, dies ist die Quelle des Glücks.
Zeit ist das begrenzteste Mittel, das du zur Verfügung hast.
Deshalb nimm dir Zeit, den Duft der Rosen zu genießen!

Aus Irland

Wir kennen etliche Frauen und Männer, die sich sogar täglich eine halbe Stunde Zeit nehmen – nicht nur zur Erholung, sondern um in kleinen Dingen das Leben zu genießen. Dies sind sehr angenehme Zeitgenossen und keinesfalls Faulpelze. Sie leben entsprechend ihrer Begabung und beherrschen eine geniale Balance aus Aktion und

Ruhe. Ein lieber Freund setzte sich eine Stunde in ein Café, nachdem er gegenüber sein neues Auto geparkt hatte. Er bestellte sich einen Cappuccino und genoss den Blick auf sein neues Auto. Ist Ihnen das zu materialistisch? Andere lieben es, abends durch die Zimmer der Kinder zu gehen und sie beim Schlafen zu beobachten. Es gibt so viel Schönheit – tanzende Schneeflocken, herrliche Blumenwiesen, Ihr eigener Ehepartner.

Gerade die Natur bietet unendlich viele Möglichkeiten, neu aufzutanken. Wann haben Sie das letzte Mal ein grünes Blatt von einem Baum gepflückt? Wann haben Sie in Ihrer Gegend bewusst einen Sonnenunter- oder -aufgang beobachtet? Wann sind Sie barfuß über eine Wiese gegangen? Die erholsamen Momente, welche die Schöpfung schenken kann, werden enorm unterschätzt. Spaziergänge im Wind, das Erkennen von Vogelstimmen, das Herumtollen im Schnee – all das macht ein Leben reicher. Und das zum Nulltarif!

Das Leben feiern

Es gibt noch eine andere schöne Erfindung, um das Leben zu genießen: das Feiern. Gründe dafür sind schnell gefunden: ein bestandenes Examen, die Taufe des jüngsten Kindes, eine Gehaltserhöhung oder das mit Gewinn verkaufte Auto.

Menschen haben immer schon die Wichtigkeit des Feierns gespürt. Die Sonnenwende im Winter etwa, wenn die Tage wieder länger werden, oder die eingebrachte Ernte im Herbst waren traditionelle Anlässe, dankbar zu sein und zu feiern. Nachdem viele von

uns die Ernte automatisch auf ihr Konto überwiesen bekommen, ist manches davon verloren gegangen. Man lebt jahraus, jahrein ohne wertschätzendes Bewusstsein für die vielen wertvollen Geschenke des Alltags. Da macht es eine befreundete Familie besser: Jeden Samstagabend feiert sie gemeinsam eine geleistete Arbeitswoche. Eltern und Kinder setzen sich zusammen, es wird festlich der Tisch gedeckt, man isst etwas Feines, danach gibt es Naschereien, einen Spieleabend oder einen schönen Film. Der Samstagabend ist für diese Familie zum Dreh- und Angelpunkt der ganzen Woche geworden.

Auch Niederlagen muss man feiern. Beerdigen Sie sie feierlich. Wenn Sie Verluste nicht bewusst betrauern, besteht die Gefahr, dass sich der Mangel unkontrolliert entlädt. Lieber bewusst ein feines Dessert als Leichenschmaus für ein Missgeschick, als vor Frust den Kühlschrank zu plündern. Wenn Ihr Unternehmen überraschende Verluste verbuchen musste, können Sie wochenlang mit Jammermiene am Schreibtisch sitzen. Sie können aber auch mit Ihren Mitarbeitern eine »Mitbring-Party« veranstalten, die dem Negativereignis etwas von seiner niederschmetternden Kraft nimmt und zu neuer Initiative und Leistung anstachelt. Symbolisch können dort

die Verluste »begraben« werden, indem man beispielsweise ein Blatt Papier mit den hässlichsten Zahlen verbrennt. Vielleicht kommt Ihnen das ein wenig verrückt vor. Die Alternative heißt jedoch meistens, dauerhaft zu leiden, ohne die Situation dadurch notwendigerweise zu verbessern. Darum: Feiern Sie Ihre Niederlagen.

Happy Birthday! Es gibt nur sehr wenige Menschen, die an diesem Tag nicht irgendetwas Besonderes empfinden. Sie sind ein einmaliger Mensch, ein Original. Dass es Sie gibt, ist ein Grund zu feiern. Manchmal verdecken vielleicht schwierige Lebensumstände den Blick auf diese wichtige Wahrheit. Aber trotzdem ist das Leben ein Geschenk! Feiern Sie es! Lassen Sie sich nicht von irgendwelchen gesellschaftlichen Zwängen Lasten auflegen, wie Sie diesen Tag zu feiern haben. Es ist Ihr Tag. Wenn Sie keine Lust haben, Ihre Gäste daheim zu bewirten, genießen Sie den Abend mit Ihren besten Freunden in einem schönen Restaurant.

Haben Sie einen Kalender Ihrer persönlichen Feiertage? An welchem Tag haben Sie Ihre Frau kennen gelernt? Nehmen Sie doch Ihren Hochzeitstag frei und tun Sie sich gemeinsam etwas Gutes! Sie können auch mit Ihren Mitarbeitern den Jahrestag der Firmengründung feiern. Über der vielen Arbeit vergisst man so leicht die Dankbarkeit für das Positive, das die Arbeit mit sich bringt: einen Arbeitsplatz, monatliches Auskommen, nette Kollegen, zufriedene Kunden. Mein Autohändler genießt es jedes Mal, mir den neuen Firmenwagen zu überreichen. Er gestaltet das wie ein kleines Fest, beglückwünscht uns zu dem neuen Wagen, überreicht eine Flasche Sekt, ein kleines Geschenk (meist das neue Auto in Miniaturversion) und zelebriert die Einführung. Ich lerne mehr und mehr, das zu genießen. Natürlich freue ich mich auf das neue Auto – warum dies nicht auch feiern?

Der letzte Schultag vor den Sommerferien ist übrigens in unserer Familie immer ein Feiertag. Unabhängig von den Schulnoten feiern wir ein überstandenes Schuljahr: Siege und Niederlagen.

Ein befreundeter Geschäftsführer hat zusätzlich zu den Geburtstagen alle Firmeneintrittsdaten seiner Mitarbeiter in seinem Kalender gespeichert. Jährt sich ein solcher, erscheint er mit einem kleinen Präsent am Arbeitsplatz des Betroffenen, sagt diesem, was er an ihm schätzt und dankt ihm für seinen Beitrag. Einige Kollegen aus der Belegschaft kommentieren diese Mini-Feier heute so: »Eigentlich bräuchte es das nicht, aber missen möchten wir es auch nicht mehr.«

Entwickeln Sie Ihren Jahresfeiertagskalender – das könnte auch ein romantisches Wochenende sein, ein Ballbesuch oder ein Straßenfest. Es gibt übrigens Feste, die feiere ich nur mit mir ganz alleine, von denen weiß auch keiner! Feiern ist Ausdruck von Wertschätzung. Wertschätzung hat mit Dankbarkeit zu tun und weckt das Bewusstsein dafür, wie reich unser Leben eigentlich ist: an Menschen, wunderbarer Natur, an Geschichte. Dankbarkeit befreit, den Augenblick zu genießen. Es kann zur Sucht werden, sich immer nur nach dem auszustrecken, was vor einem liegt, und das Gegenwärtige gar nicht mehr wertzuschätzen. Hüten Sie sich vor diesem giftigen Virus!

Genauso wichtig wie das Fest ist die (gemeinsame) Vorbereitung. Manchmal ist es erschreckend, wie Feste zum Festtagsstress ausarten. Das meinen wir damit nicht! Finden Sie Ihren Stil, Ihr Leben zu feiern, so wird Ihnen der Reichtum Ihres Lebens neu bewusst.

Fünf Sprachen der Liebe

Gerade wenn Sie mit anderen ein Fest vorbereiten, stoßen manchmal die unterschiedlichsten Ideen aufeinander. Wir Menschen sind einfach sehr unterschiedlich. Die einen wünschen sich ihre Hochzeit in einer kleinen Bergkapelle im engsten Kreis der Freunde und Familie. Andere sind traurig, dass der Festsaal der Stadthalle nur 350 Hochzeitsgäste zulässt.

Ein guter Bekannter, Gary Chapman, ist hauptberuflich Ehetherapeut in den Vereinigten Staaten. Zu jedem Gespräch machte er seine Notizen und blätterte sie später noch einmal durch. Dabei machte er eine interessante Entdeckung: Ihm fiel auf, dass überdurchschnittlich oft einer der Ehepartner sagte, er reiße sich beide Beine aus für den anderen. Er gebe sich alle erdenkliche Mühe, um ihm zu zeigen, dass er ihn liebe. Doch beim anderen komme nichts an.

Chapman dachte darüber nach, wie es zu solchen Missverständnissen kommen kann, und fand eine aufschlussreiche Erklärung: Es gibt unterschiedliche Liebessprachen! So kann es scheinen, als kommuniziere der eine Partner auf Chinesisch mit dem anderen. Er redet sich den Mund fusslig, aber sie versteht nichts. Sie versucht, ihm ihre Liebe zu beweisen, aber er nimmt es überhaupt nicht wahr.

Eine Frau, der die Beziehung zu ihrem Vater sehr wichtig war, beklagte sich, sie sehne sich immer nach irgendeinem Zeichen der Liebe und Zuneigung, von ihm komme jedoch nichts, kein noch so kleines Signal. »Ich bin meinem Vater total gleichgültig«, war ihre schmerzliche Schlussfolgerung. Zufällig hatte ich einige Wochen später ein Gespräch mit dem Vater. Dieser war frustriert, weil seine Tochter ihm das Gefühl gab, dass ihr nichts an ihm liege. Beide kommunizierten offensichtlich dramatisch aneinander vorbei.

In einer Firma resignierte der Vorgesetzte. Seine Sicht: Er schätze seinen Mitarbeiter und versuche, ihm dieses auch zu vermitteln. Der Mitarbeiter seinerseits war resigniert, weil er trotz enormen Einsatzes nicht die geringste Wertschätzung im Verhalten seines Vorgesetzten erkennen konnte. Bei Einzelgesprächen offenbarte jeder seine Not. Glauben Sie ja nicht, im Geschäftsleben wäre Mitarbeitern die gegenseitige Wertschätzung nebensächlich. Natürlich spielt sie eine andere Rolle als in einer Partnerschaft, aber ohne Wertschätzung ist keine Kooperation und Vertrauensbeziehung möglich.

Chapman verbrachte viel Zeit damit, diesem Phänomen und den offensichtlichen Missverständnissen nachzugehen. Seine Gedanken schrieb er in ein Buch, das eigentlich primär als Handreichung für seine Klienten gedacht war. Wie überrascht war er, als es sich ohne großes Zutun 1,5 Millionen Mal rund um den Globus verkaufte und er Zuschriften aus der ganzen Welt erhielt, wie sehr seine Publikation vielen Menschen geholfen habe! Seine Erkenntnis: Jeder von uns hat seine Liebessprache, in der er ganz besonders seine Zuneigung kommuniziert. Chapman unterscheidet fünf Sprachen.

1. Sprache: Hilfsbereitschaft Kennen Sie Menschen, die ihre Sympathie anderen gegenüber ganz besonders durch Hilfsbereitschaft zum Ausdruck bringen? Sie bügeln die Wäsche, backen, kochen und putzen, um dem anderen das Leben schöner zu machen. Der andere ärgert sich manchmal über so viel Aktivismus. Die dadurch ausgedrückte Zuneigung scheint überhaupt nicht anzukommen. »Was soll ich denn noch alles tun, um dir zu zeigen, dass ich dich liebe?«, denkt der Fleißige. »Wenn du mich wirklich lieben würdest, dann würdest du es mir sagen, in Worten ausdrücken«, könnte die Antwort seines Gegenübers lauten. »Deine letzte Liebeserklärung ist 20 Jahre her – ein Zeichen, wie gleichgültig ich dir geworden bin.« Spüren Sie das Missverständnis und das gewaltige Konfliktpotenzial?

Manch einer spricht die Sprache der Hilfsbereitschaft und überlegt, durch welche unterstützenden Taten er noch mehr zeigen könnte, dass der andere ihm etwas bedeutet. Das gilt übrigens auch in Organisationen und Freundschaften. Viele arbeiten nicht nur, um etwas zu leisten, sondern auch um ihre Wertschätzung für den anderen auszudrücken. Wertschätzung ist wie Öl für das Getriebe unserer Seelen.

2. Sprache: Worte der Ermutigung Die Partnerin in dem obigen Beispiel spricht die Liebessprache »Worte der Ermutigung«. Sie sehnt sich nach ausgesprochenen Worten, nach einer handgeschriebenen Karte, danach, dass ihr der andere sagt, wie sehr er sie schätzt. Vielleicht fallen Ihnen auch Menschen ein, die ihre Zuneigung vor allem durch Worte zum Ausdruck bringen. »Ein hübsches Kleid tragen Sie heute!« »Ich schätze das, wie zuvorkommend Sie mit unseren Kunden umgehen.« »Ich mag dich, mein Sohn.« Dies können Zeichen der Sympathie eines Menschen mit der Liebessprache »Worte der Ermutigung« sein.

Eingangs erzählten wir von der angespannten Beziehung eines Geschäftsführers und seines Mitarbeiters. Das Drama der beiden war, dass der Angestellte seine Sympathie vor allem durch Hilfsbe-

reitschaft zum Ausdruck brachte; wie der Chef meinte, sogar durch übertriebene Hilfsbereitschaft. Umgekehrt erwartete er von seinem Chef dasselbe. Komplimente, die jener austeilte, kamen nicht an. »Worte, nichts als leere Worte«, fand sein Assistent.

Es gibt aber auch positive Beispiele. Ein größeres Unternehmen verteilte seine jährlichen Investitionen sehr unterschiedlich unter den Abteilungen. Eine Abteilung bekam fast gar nichts. Die Leitung setzte dort allerdings konsequent »Worte der Ermutigung« ein. Nach einem Jahr war das Erstaunen im Unternehmen groß, dass ausgerechnet diese Abteilung in ihrer Produktivität geradezu explodierte. Das Klima der Anerkennung und des gegenseitigen Lobens verwandelte die Mitarbeiter in eine hoch motivierte Truppe.

3. Sprache: Exklusive Qualitätszeit Für manche sind Worte nur leeres Gerede. Sie stehen auf dem Standpunkt: »Wenn der andere mich schätzte, würde er sich Zeit für mich nehmen.« Exklusive Qualitätszeit ist eine weitere Liebessprache, die manche Menschen sprechen. Diese Menschen schenken Zeit, Zweisamkeit, Aufmerksamkeit. Sie lieben es, Dinge gemeinsam zu tun, gemeinsame Zeit zu verbringen. In einer Firma galt es als die höchste Sympathiebezeugung seitens der Leitung, gemeinsam auf Geschäftsreise gehen zu dürfen. Die gemeinsame Fahrt, der gemeinsame Besuch des Kunden waren mit Sicherheit nicht an sich ein herausragendes Ereignis, aber die Liebessprache der entsprechenden Mitarbeiter machte sie eben dazu.

4. Sprache: Körperliche Zuwendung Ist Ihnen schon einmal aufgefallen, dass es Menschen gibt, die großen Wert auf Begrüßung durch Handschlag legen? Kürzlich in der Stadt rief jemand meinen Namen, er lief auf mich zu, schüttelte mir die Hand und schüttelte und schüttelte und schüttelte. Ich wollte meine Hand schon wieder zurückziehen, aber der andere hielt strahlend meine Hand fest umschlungen und meinte, wie schön es sei, mich hier zu treffen. Nur mit Mühe gelang es mir nach einer Weile, meine Hand zurückzuziehen. Es gibt Menschen, die es ohne irgendeine Anzüglichkeit

lieben, andere zu berühren, ihnen die Hand zu schütteln, auf die Schulter zu klopfen, sie in den Arm zu nehmen. »Körperliche Zuwendung« ist für viele eine sehr wichtige Liebessprache.

Sogar im Supermarkt können Sie das beobachten: Es gibt Kassiererinnen, die Ihr Wechselgeld lieblos auf die Ladentheke knallen, andere lassen es aus einem halben Meter Abstand auf Ihre Hand fallen, und wieder andere suchen die direkte Berührung mit Ihrer Hand. In Deutschland sind wir vergleichsweise zurückhaltend mit Berührungen. Ganz anders unsere italienischen Nachbarn. Dort gehört körperliche Zuwendung viel unverkrampfter zum Alltag. Eine Untersuchung beschreibt, dass bei einem deutsch-deutschen Business-Gespräch die Teilnehmer im Schnitt auf zwei Berührungen kommen: der Handschlag zur Begrüßung und der zum Abschied. Selbst diese finden nicht jedes Mal statt. Bei vergleichbaren Aktionen in Italien kamen die teilnehmenden Personen auf mindestens zehn Berührungen pro Begegnung.

Wir stellen fest, dass gerade dieser Punkt in unseren Breitengraden immer wieder Ängste auslöst. Die hier beschriebene Sprache hat jedoch nichts mit Sexualität zu tun. Es geht schlicht um das Zeichen und die Sprache der Berührung. Je nach Art der Beziehung kann es sehr unterschiedlich sein, was angemessen ist und was nicht. Dasselbe gilt übrigens für alle Liebessprachen!

5. Sprache: Geschenke Die fünfte Liebessprache heißt »Geschenke«. Ich selbst verstehe diese Liebessprache sehr gut. Es bereitet mir größte Freude, andere zu beschenken. Wenn ich unterwegs bin zu einem Kunden, bin ich unbewusst immer auf der Suche nach einem kleinen »Mitbringsel« – einem Buch, das ihm weiterhelfen könnte, Gummibärchen für seine Kinder ... Genauso wichtig ist es mir, meiner Frau immer wieder kleine Geschenke zu machen. Es vergeht keine Woche, in der ich sie nicht mit irgendeiner Kleinigkeit überrasche. Dies ist meine Art, Zuneigung, Interesse und Sympathie zu zeigen. Natürlich verstehe ich diese Sprache auch sehr gut, wenn mein Gegenüber sie in der Beziehung zu mir einsetzt.

Chapman vergleicht diese emotionale Dynamik mit einem Liebestank. Stellen Sie sich vor, im Herzen eines jeden von uns ist ein so genannter Liebestank. Je gefüllter er ist, desto mehr fühlen wir uns geliebt, desto er-füllter empfinden wir diese Beziehung. Um gleich einem Missverständnis vorzubeugen: Jeder Mensch muss seinen Tank in *allen* fünf Liebessprachen füllen, aber vielleicht in einem höchst unterschiedlichen Maß. Vielleicht gibt es eine, zwei oder drei Sprachen, die für Sie besonders wichtig sind. Die anderen spielen dann eine untergeordnete Rolle. Es kann jedoch auch sein, dass Ihr Tank im Hinblick auf eine für Sie wichtige Sprache stets gut gefüllt ist. Dann werden die anderen für Sie umso wichtiger.

Workshop: Fünf Sprachen der Liebe

Was ist für Sie die wichtigste Sprache, welches die unwichtigste? Bitte bilden Sie eine Rangfolge:

Liebessprache	**Welchen Ausdruck der Zuneigung schätze ich von anderen am meisten?**	**Wie drücke ich gerne anderen meine Zuneigung aus?**	**Beispiel**	
			Ich	**meine Frau**
Hilfsbereitschaft			2	3
Worte der Ermutigung			3	2
Qualitätszeit			5	1
Körperl. Zuwendung			4	5
Geschenke			1	4

In der vorhergehenden Tabelle habe ich Ihnen als Beispiel meine Liebessprachen (rechts) und die meiner Frau (links) aufgelistet (die Zahlen geben die Rangfolge an). Es wird Sie vielleicht überraschen, aber sie sind unterschiedlich. Das ist kein Grund zur Besorgnis, wenn man um die Unterschiede weiß.

Mein ältester Sohn drückt seine Zuneigung vor allem durch körperliche Zuwendung aus. Er setzt sich gerne auf meinen Schoß oder legt gerne meinen Arm um seine Schulter. Sein Vater dagegen liebt es, seine Zuneigung über Geschenke auszudrücken. Seine Tochter meinte einmal im Affekt: »Behalte deine blöden Geschenke, die will sowieso keiner.« Er war gekränkt, sie war enttäuscht. Wonach sie sich sehnte, waren ein paar nette Worte oder Komplimente. Einmal nur, sagte sie, wolle sie aus seinem Mund hören: »Ich mag dich, Tochter.« Für ihn waren Worte unwichtig, zeigte er doch seine Zuneigung seiner Meinung nach mehr als genug durch seine überaus großzügigen Geschenke. Es ist manchmal schon erschreckend, wie man aneinander vorbeikommunizieren kann.

Was ist Ihre bevorzugte Liebessprache? Diese müssen Sie sprechen, weil sie für Sie überaus wichtig ist. Beschenken Sie Ihren Partner in seiner und in Ihrer Sprache! Ich zeige meiner Frau meine Liebe in kleinen Geschenken, weil dies meine Sprache ist, und ich beschenke sie in ihrer Sprache Qualitätszeit, weil die Zweisamkeit für sie ungemein wichtig ist. Bevor ich mir dieser Dynamik bewusst war, habe ich viel Geld, Zeit und Kraft vergeudet, weil ich ihr meine Zuneigung auf eine Art zeigen wollte, die sie weder wollte noch schätzte. Heute beschenken wir einander vor allem in unseren Sprachen und stellen die verblüffende Wirkung fest: Es funktioniert!

Belohnen Sie sich selbst

Einen dürfen Sie beim Beschenken in der richtigen Liebessprache auf keinen Fall vergessen: sich selbst! Beschenken Sie sich in Ihrer Sprache. Es mag viele Akzente und Dialekte geben, aber stehen Sie zu Ihrer Sprache, in der Beziehung zu anderen wie zu sich selbst. Füllen Sie Ihren Liebestank, indem Sie sich selbst Gutes tun. Das ist ein weiterer Baustein für mehr Gelassenheit, wie wir in diesem Abschnitt sehen werden.

Du sollst deinen Nächsten lieben wie dich selbst! Sicher kennen Sie diese grundlegende Regel aus der Bibel. Zu Recht erinnert uns dieser Satz daran, unseren Nächsten und unser Umfeld im Blick zu haben und diesen Gutes zu tun. Nächstenliebe steht nicht explizit im Mittelpunkt des vorliegenden Buches, und doch haben wir an verschiedenen Stellen deutlich gemacht, dass das Leben, damit es sich in seiner positiven Fülle entfalten kann, nie rein egoistisch sein darf. Den anderen, mein Land, die Gesellschaft, meinen Partner, meine Stadt im Blick zu haben und nicht nur an mich selbst zu denken – das ist eine Grundvoraussetzung, ohne die Gesellschaft und Leben nicht gesund funktionieren können. Aber nur an andere und nicht auf eine gesunde Art an sich selbst zu denken ist in gleicher Weise zerstörerisch.

Der Weg, den wir in diesem Buch gehen, im Blick auf das eigene Leben vom Getriebenen zum Gestalter und vom Lehrling zum Lebenskünstler zu werden, ist nicht leicht. Das hat Ihnen auch hoffentlich niemand versprochen! Aber er führt Sie zu einem erfüllten Leben, in dem Sie jeden Abend in den Spiegel blicken und sagen können: »Ich hätte diesen Tag nicht besser leben können.«

Wie können Sie sich selbst lieben? Das Durcharbeiten dieses Buches ist eine Form gesunder Selbstliebe. Denn dadurch wirken Sie darauf hin, verantwortungsvoll Ihr Leben in die Hand zu nehmen, Ihr Potenzial zu entdecken und zu entfalten sowie eine gesunde Balance zwischen wichtigen Bereichen Ihres Lebens zu halten.

Belohnen Sie sich selbst? Ich stelle diese Frage sogar noch provozierender: Wie belohnen Sie sich selbst? Wann haben Sie sich das letzte Mal selbst beschenkt? Wie gesagt, an sich selbst zu arbeiten ist anstrengend. Natürlich ist jedes Ziel in sich selbst, wenn es erreicht ist, Belohnung genug. Manche Fachleute kritisieren zu Recht, dass Belohnungen die Gefahr in sich tragen, das ursprüngliche Ziel zu sehr zu relativieren. Wir haben jedoch beobachtet, dass Menschen, die sich auf angemessene Weise regelmäßig selbst belohnen, viel weniger suchtgefährdet sind. Sich selbst zu belohnen ist Teil einer »Feier-Kultur«. Es gehört dazu, das Leben zu genießen. Ich habe Freunde, die sich jeden Monat selbst ein kleines Geschenk machen. Sie gehen ihr Leben bewusst und reflektiert an. Am Ende des Monats überdenken sie den Masterplan, was sie erreicht haben, übertragen Unerledigtes. Und dann geht es daran, sich selbst etwas Gutes zu tun. Ein Freund ist ein leidenschaftlicher Musikliebhaber. Hat er sein Monatspensum an Arbeit bewältigt, ersteht er eine neue CD für seine Sammlung und lässt sie sich als Geschenk einpacken. Danach führt ihn sein Ritual in ein schönes Café am Marktplatz, wo er sich einen Cappuccino bestellt und genüsslich in aller Ruhe sein Geschenk auswickelt. Er beschenkt sich selbst! Eine Marotte? Vielleicht. Aber eine gesunde Marotte, die diesen Menschen in seinem Leben in Gelassenheit bestärkt.

Was können Sie sich Gutes tun? Die einen beschenken sich einmal pro Woche mit einem Saunabesuch. Andere gehen lieber fein essen. Eine Kollegin aus München schenkt sich Monat für Monat ein weiteres Stück ihres wertvollen Kaffeeservices. Es ist schon fast komplett. Sich selbst etwas Gutes zu tun und sich zu belohnen, dafür gibt es so viele Ideen wie Menschen: ein schönes Konzert, eine Flasche edlen Wein, ein Modellauto für die Sammlung, ein Kinobesuch, eine neue Pflanze für den Wintergarten, eine Stunde allein Klavier spielen und danach bei einer Klaviersonate von Mozart ein Stück Torte genießen.

Was ist ein schönes Geschenk, das Sie sich machen könnten? Im folgenden Workshop laden wir Sie ein, Ideen zu sammeln, wie Sie sich beschenken könnten. Natürlich können Sie auch die Weltreise mit hineinnehmen. Allerdings geht es uns hier vielmehr um kleine schöne Dinge, mit denen Sie sich selbst *regelmäßig* etwas Gutes tun können. Im Kleinen sollte dies an jedem Tag seinen Platz in Ihrem Leben haben.

Workshop: Selbst-Belohnungsliste

Sammeln Sie: Was können Sie sich monatlich Gutes tun (z. B. Saunabesuch, Essen gehen)?

____

____

____

____

____

____

____

____

Mutmacher auf dem Weg

Stellen Sie sich vor, Sie wollen pro Monat ein Kilogramm abnehmen, weil Ihr Körper Ihnen signalisiert, dass der eingebaute Schwimmgürtel Ihre Gesundheit belastet. Wann sind Ihre Motivation und der Erfolgsdruck größer?

- Wenn Sie sich dies still und heimlich alleine im Kämmerchen vornehmen?
- Oder wenn Sie einen guten Freund bitten, sich jeweils am Monatsersten beim Wiegen neben Sie zu stellen, um den Fortschritt zu kontrollieren?

War es vor rund 20 Jahren noch eher ein Zeichen von Schwäche, sich Hilfe zu holen, um notwendige Veränderungsprozesse zu durchlaufen, so ist dies heute auch bei Top-Führungskräften gang und gäbe. Heute fragt man nicht mehr »ob«, sondern nur noch »wer«. Eine begrüßenswerte Entwicklung, weil sie die Menschen weiterbringt. Jeder von uns hat Schwächen, aber die meisten davon sind viel leichter zu bewältigen, wenn wir uns gegenseitig ermutigen und unterstützen. Mentoring, Coaching, persönliche Begleitung sind einige der Schlagworte zu diesem Thema.

Die häufigste Art der Unterstützung dürfte das so genannte Co-Mentoring sein. Seit Jahren ermutigen wir die Teilnehmer unserer Seminare zu solchen Lernpartnerschaften. Das können im privaten

Bereich Mann und Frau sein, am Arbeitsplatz Kollegen, die sich auf bestimmten Gebieten gegenseitig fördern wollen. Mit großer Freude haben wir Unternehmen begleiten dürfen, die sich von »Jammer-Clubs« zu Orten veränderten, an denen miteinander und voneinander gelernt wird. Mitarbeiter erkannten Veränderungsbedarf und baten Kollegen, sie durch diesen Prozess zu ermutigen und zu kontrollieren. Verantwortlich ist und bleibt in solch einer Partnerschaft immer der, der sich verändern will! Jede Form von partnerschaftlicher Beziehung eignet sich hervorragend für Co-Mentoring.

Natürlich können Sie auch einen Profi einsetzen, der Sie durch wichtige Prozesse begleitet. Die Erfahrung zeigt, dass Sie damit einen der wichtigsten Schlüssel für die nachhaltige Veränderung Ihres Verhaltens und Ihres Arbeitsstils in die Hand nehmen. Im Sport ist es völlig normal, dass jeder Spieler einen Coach hat, der an seinen Schwächen arbeitet. In den USA gehört professionelles Coaching bei Führungskräften inzwischen zum Standard. Die besten haben in der Regel nicht nur einen, sondern sogar zwei Coaches. Mit dieser Methode, die Umsetzung erkannter Ideen und Ideale zu meistern, wurden international die besten Ergebnisse erzielt.

Dafür gibt es eine einfache Erklärung: Wer Ziele anstrebt, ohne andere darüber zu informieren, hat auch keine effektive Kontrolle. Vor sich selbst findet er tausend Gründe, warum er ein Ziel verpasst hat. Und andere merken es möglicherweise nicht einmal, weil sie von dem Ziel nichts wissen. Anders sieht es aus, wenn ich mich regelmäßig mit einem neutralen Coach unterhalte. Er fragt nach den Motiven für meine Ziele; er prüft meine Pläne auf Realisierbarkeit; er will genau wissen, warum ich etwas nicht erreicht habe. Der Coach stellt eine Art Strategiekontrolle dar. Er nimmt dem Coachee keine Entscheidung ab, aber er stellt dessen Denken und Handeln auf den Prüfstand. Das Gespräch mit dem Coach schärft den Blick, erweitert den Horizont, motiviert zu neuen Höchstleistungen. Allein das Wissen, in zwei Wochen wieder mit dem Coach einen Termin zu haben, kann einen Menschen beflügeln, seine Aufschieberitis aufzugeben und wichtige Aufgaben anzupacken. Eine wachsende Zahl von Führungskräften macht sich diese Dynamik zunutze.

Für den Einstieg hat es sich bewährt, die Zusammenarbeit mit dem Coach zeitlich zu befristen (im Durchschnitt auf sechs bis zehn Sitzungen). Im Mittelpunkt steht die Lösung eines Problems, zum Beispiel: »Wie kann ich auf meine Beförderung hinwirken?« oder »Wie schaffe ich in meiner Abteilung eine Atmosphäre, die zu Spitzenleistungen anregt?« Es gibt zwei unterschiedliche Typen von Coaches: den Experten, der für Ihr Spezialproblem eine Beraterfunktion übernimmt, und den »Sparringspartner«, der Ihr Denken und Handeln durch Fragen, Kritik oder unorthodoxe Vorschläge herausfordert. Sie sollten am Anfang des Coaching-Prozesses klären, welchen Typ Sie für Ihr Problem brauchen und welche Ziele Sie erreichen wollen. Gemeinsam mit dem Coach erarbeiten Sie Vorschläge, wie Sie der Lösung Ihres Problems näher kommen. Sie beginnen mit der Umsetzung und besprechen dann Erfolge und Misserfolge. Sie bewerten erste Ergebnisse und ziehen daraus Konsequenzen für den weiteren Weg. Am Ende des befristeten

Coachings ziehen Sie eine Bilanz und legen Schritte für die Folgezeit fest, die Sie ohne Coach bewältigen wollen. Nach einem gewissen Zeitraum (ein halbes bis ein Jahr) kann es sinnvoll sein, in ein neues Coaching einzusteigen.

Natürlich können Sie auch kontinuierlich mit einem Coach zusammenarbeiten, später sollten Sie es sogar. Die Gefahr für den Coaching-Neuling besteht darin, dass er sich zu sehr auf seinen Coach verlässt und diesen insbesondere für Misserfolge verantwortlich macht – selbst wenn der Coach gar nichts dafür kann. Die Befristung ist deshalb hilfreich, weil sie das Bewusstsein beim Gecoachten schärft: »Am Ende muss ich es alleine packen.« Coaching hat sich bei einer großen Bandbreite von Problemen als ideales Hilfsmittel erwiesen: bei Konflikten im Unternehmen ebenso wie bei der Entwicklung und Umsetzung von Strategien für Firmen und Privatpersonen. Karriereplanung, Arbeitsplatzwechsel, mangelnde Selbstorganisation im Büro – hier kann ein externer Beobachter, Kontrolleur, Ratgeber, Sparringspartner die entscheidenden Hilfen geben, die Ihnen auf Ihrem Weg einen Quantensprung ermöglichen. Probieren Sie es aus! Sie können nur gewinnen.

Vergessen werden in diesem Zusammenhang übrigens manchmal die so genannten »historischen Mentoren«. Menschen, die vielleicht schon gestorben sind, aber deren Biografien und Lebensgeschichten ermutigen, ähnliche Herausforderungen auch im eigenen Leben anzupacken. Manche nennen Mahatma Gandhi als historischen Mentor, andere den Begründer der Herrnhuter Brüdergemeinde, Nikolaus Ludwig Reichsgraf von Zinzendorf, andere den amerikanischen Staatsmann und Aufklärer Benjamin Franklin. Suchen Sie sich Vorbilder. Fragen Sie sich hin und wieder: Wie hätte mein historischer Mentor an meiner Stelle reagiert?

Vielleicht finden Sie auch unter Ihren Zeitgenossen Menschen, die zwar als persönlicher Coach nicht zur Verfügung stehen, deren Denken und Handeln Ihnen aber vorbildlich und nachahmenswert erscheint. Lassen Sie sich von anderen Lebenskünstlern inspirieren!

Ihr Vertrag mit sich selbst

Wenn dieses Buch auch voller positiver Botschaften und großer Verheißungen steckt – der Weg zu einer selbstbestimmten Zukunft ist alles andere als ein gemütlicher Spaziergang. Diese Welt steckt voller Kräfte, die Sie von Ihrem eigentlichen Ziel abbringen wollen. Mit dem Durcharbeiten der Workshops in diesem Buch hat das vermutlich schon angefangen. Müdigkeit, Ansprüche von Partner und Kindern sowie die Lust auf Zerstreuung haben Sie an einigen Stellen davon abgehalten, die Workshops zu erledigen. Aber selbst wenn Sie zu den Tapferen gehören, die jeder Ablenkung widerstanden haben, wissen Sie: Es werden sich noch viele Steine in den Weg legen, die einen stolpern lassen, zu einem Umweg zwingen oder aufgrund ihrer Größe zu einer gemütlichen Rast einladen. Das alles bringt Sie dem Ziel einer selbstbestimmten Zukunft nicht näher.

Jeder, der irgendetwas unternimmt, hat immer drei Gruppen von Menschen gegen sich:
diejenigen, die dagegen sind,
diejenigen, die überhaupt nichts tun wollen und
diejenigen, die das Gleiche selber machen wollten.

Aushang am Café des Platanes, Ile Rousse, Korsika

»Was erfolgreiche Menschen verbindet, ist die Fähigkeit, den Graben zwischen Entschluss und Ausführung äußerst schmal zu halten«, sagt der Psychologe Jürgen Schneider. Als Beispiel nennt er einen jungen Mann, der sich in eine Konzertpianistin verliebt hatte. Alles sprach gegen diese Beziehung, weil die Dame nicht wollte. Sie hatte nur ihre Konzerttourneen im Kopf und mochte sich deshalb auf keine Partnerschaft einlassen – geschweige denn auf eine Ehe. Doch der junge Mann reiste ihr hinterher, umwarb sie bei ihren Auftritten in Kanada und in der Schweiz. Die Beharrlichkeit hat sich gelohnt: Die beiden sind inzwischen glücklich verheiratet.

Die meisten Männer hätten vorzeitig aufgegeben, hätten sich vielleicht schon nach der ersten Zurückweisung zurückgezogen. Dadurch hätten sie aber keinen Erfolg gehabt. Die Kunst ist es, ein Höchstmaß an Beharrlichkeit an den Tag zu legen, ohne in Verbissenheit abzugleiten. Beharrlichkeit bedeutet: Ich verfolge mein Ziel kraftvoll – egal, was sich mir in den Weg stellt. Verbissenheit bedeutet: Ich bin erst glücklich, wenn ich mein Ziel erreicht habe. Machen Sie Ihr Glück nicht ausschließlich von solchen Erfolgen abhängig. Genießen Sie auch den Prozess. Spüren Sie, wie Widerstände Ihre Kräfte wachsen lassen und wie Sie plötzlich neue Wege einschlagen, die Ihnen ohne diese Widerstände verborgen geblieben wären.

Die Beispiele für den Lohn solcher Beharrlichkeit sind Legion. Von Walt Disney wird berichtet, er sei mit seinen Ideen von mehr als 300 Banken abgewiesen worden. Erst die 303. gab ihm den nötigen Kredit, um sein Disneyland aufzubauen. Können Sie sich vorstellen, wie er sich noch bei der 301. und der 302. Bank gefühlt haben muss? Wie viele Weggenossen müssen heimlich getuschelt haben: »Seht, da läuft Walt Disney, der Psychopath, der sich auch nach 300 Niederlagen nicht eingestehen kann, dass er einer Wahnidee folgt«? Aber er gab nicht auf – und hatte schließlich Erfolg. Ähnlich ist die Geschichte von Thomas A. Edison, der bei der Entwicklung der Glühbirne rund 1 000 Fehlversuche hatte, bevor er den technisch tauglichen Glühfaden fand. Er betrachtete die Fehlversuche nicht als Niederlagen, sondern als Stationen auf dem Weg zum Erfolg. Denn immerhin hatte er auf diese Weise 1 000 Methoden gefunden, wie eine Glühbirne *nicht* funktioniert. Das war Edisons kreativer Umgang mit Rückschlägen!

Vom Anfang dieses Buches an bis zu seinem Ende haben wir nur ein Ziel verfolgt: Dass Sie einen Weg finden, Ihre Zukunft selbst zu bestimmen. Die PRO-Methode hat Ihnen dazu drei gangbare Schritte gezeigt. Nun liegt es an Ihnen. Werden Sie das Buch mit einem milden Lächeln zuklappen und wieder zur Tagesordnung übergehen? Oder werden Sie die Lebensreise antreten, deren Route Sie alleine bestimmen? Werden Sie sich vom ersten Gegenwind umpusten lassen – oder werden Sie Widrigkeiten die Stirn bieten und unbeirrt weiter auf Ihr Ziel zumarschieren?

Workshop: Erfolg ist eine Reise – Tipps auf den Weg

Im letzten Workshop bitten wir Sie nun, festzulegen, wie Sie den PRO-Prozess fortführen. Legen Sie fest, wann Ihre nächsten Dreamdays sein werden, wer Ihnen als Mentor oder Coach zur Verfügung steht, wo Sie an Ihrer Kompetenz arbeiten werden und welchen Beitrag Sie für andere leisten wollen.

Meine nächsten Dreamdays (Termine):

____

Freundeskreis, der mich unterstützt:

- ____________________________
- ____________________________
- ____________________________
- ____________________________
- ____________________________

Wer könnte mein Mentor sein?

- ____________________
- ____________________
- ____________________
- ____________________
- ____________________

Wen möchte ich unterstützen?

- ____________________
- ____________________
- ____________________
- ____________________
- ____________________

Ist dieser letzte Workshop ein Garant für Ihren Erfolg? Sicher nicht. Es fehlt etwas, was wir bewusst ans Ende dieses Buches (Seite 256) gestellt haben: Ihre unwiderrufliche Entscheidung, an einer selbstbestimmten Zukunft zu arbeiten. Eine klare, machbare, messbare Entscheidung in schriftlicher Form. Wir haben für Sie eine Erklärung formuliert, in der Sie sich verpflichten, die aus diesem Buch gewonnenen Erkenntnisse umzusetzen. Sie müssen lediglich Ihren Namen, das Datum, die Termine für Ihre nächsten beiden Dreamdays und den Wochentag eintragen, an dem Sie künftig Ihre Wochenplanung machen wollen. Und Sie müssen natürlich das Wichtigste tun: unterschreiben. Wir haben in unserer Kultur einen großen Respekt vor der Unterschrift. Damit werden Steuererklärungen bestätigt, Ehen geschlossen, Millionenverträge besiegelt. Es bedeutet einen vergleichsweise großen Aufwand, ein Dokument ungültig zu machen, wenn es erst einmal unterzeichnet ist. So sollten Sie auch die nachfolgende Selbstverpflichtung betrachten. Sie schließen einen Vertrag mit sich selbst. Oder besser: Sie schließen einen Vertrag mit Ihrer Zukunft.

Wir ermutigen Sie, dieses Dokument auszufüllen und zu unterzeichnen. Dieser Akt wird Ihnen helfen, Ihr Leben nicht beim Alten zu lassen, sondern zu neuen Ufern aufzubrechen. Wenn Sie mögen, gestalten Sie den Augenblick Ihrer Unterzeichnung sogar ein bisschen feierlich. Trinken Sie dazu einen edlen Tropfen und malen Sie sich die Zukunft aus, die Sie erreichen wollen. Nehmen Sie sich einen Zeugen hinzu, dem Sie den Sinn dieser Selbstverpflichtung erläutern und der Sie in der Folgezeit an Ihre Unterschrift erinnern soll. Gerade in Zeiten, in denen sich der alte Schlendrian oder externe Widerstände bemerkbar machen, hilft Ihnen die Rückbesinnung auf diese Selbstverpflichtung, Ihrem Leben wieder selbst Richtung zu geben. Warum sollten Sie ausgerechnet die Verantwortung für das Wertvollste, was Sie besitzen – Ihr Leben –, aus der Hand geben? Also: Bestimmen Sie Ihre Zukunft selbst – und unterschreiben Sie!

Meine Selbstverpflichtung

Ich, ____________________, werde ab dem heutigen Tag, dem ____________________, meine Zukunft selbst bestimmen. Ich bin entschlossen, die aus diesem Buch gewonnenen Erkenntnisse offensiv umzusetzen. Einem »Leben im Hamsterrad« widersetze ich mich konsequent.

Ich werde künftig mindestens zweimal im Jahr nicht weniger als einen halben Tag für einen Dreamday reservieren, an dem ich mein Potenzial, meine Werte, meine Ziele, meine Gewohnheiten und meine Erfolge neu überprüfe. Meine nächsten beiden Dreamdays sind am ________________ und am ________________. An diesen Tagen werde ich auch den Masterplan für mein Leben überarbeiten.

Ich habe erkannt, dass zu einem selbstbestimmten Leben klare Ziele und eine konsequente Zeitplanung gehören. Ich habe deshalb für jeden Lebensbereich Ziele schriftlich fixiert, die messbar, machbar und motivierend sind, und sie in meinen Masterplan übertragen. Um ein Leben in Balance zu führen, nutze ich die Wochenplanung. Ich werde künftig jeweils am ____________ (Wochentag eintragen) die vor mir liegenden sieben Tage planen und dabei alle wichtigen Lebensbereiche berücksichtigen. Außerdem verpflichte ich mich, zu Beginn jedes Arbeitstages mindestens fünf Minuten in die Tagesplanung zu investieren.

Ich werde mich gezielt weiterentwickeln und effektiven Gebrauch von Literatur, Hörbüchern, Zeitplansystemen und Seminaren machen. Ich überprüfe, inwiefern mir ein persönlicher Coach auf meinem Weg in eine selbstbestimmte Zukunft helfen kann.

Vor allem aber: Ich werde *an jedem Tag* etwas tun, was mich meinen Zielen näher bringt. Ich werde mich nicht mehr fremdbestimmen lassen, sondern beharrlich *an jedem Tag* meinem Leben Richtung geben.

____

Unterschrift

Nachwort

Willkommen im Club. Sie haben Ihrem Leben eine neue Richtung gegeben und mit der PRO-Formel den Aufbruch zu einer selbstbestimmten Zukunft gemeistert – ein hoher Anspruch, aber machbar. Wir freuen uns, dass wir Sie ein Stück auf diesem Weg begleiten durften.

Wir gestehen: Wir sind neugierig, welche Erfahrungen Sie auf diesem Weg machen. Wie Sie das »Vorher« und das »Nachher« beschreiben. Wir sind so neugierig, dass wir Sie ermutigen, uns Ihre Geschichte zu schreiben (E-Mail: knoblauch@ziele.de). Wie haben Sie die Herrschaft über Ihre Zeit zurückgewonnen? Wie sah Ihr erster Dreamday aus – und wie Ihr zehnter? Die drei Schritte, die Sie in diesem Buch gegangen sind, basieren auf Lebensprinzipien, die generell gültig sind. Und doch wirken sie sich in jedem Leben anders aus. Weiterführende Inhalte haben wir auf der Website www.ziele.de zusammengefasst.

Wir wünschen Ihnen einen Aufbruch zur Fülle des Lebens und einen Aufbruch zur Gelassenheit, weil Sie wissen, Sie haben Ihr Bestes gegeben. Die Zukunft gehört jetzt Ihnen.

Danksagung

Es gibt eine Vielzahl von Menschen, ohne die dieses Buch nicht hätte entstehen können. Uns ist es wichtig, wenigstens einige davon namentlich zu nennen. Wir danken

Prof. Dr. Lothar J. Seiwert für sein Vorwort, aber auch für die Ideen und die kritische Begleitung.

Tiki Küstenmacher. Er ist der beste Cartoonist, den wir kennen. Wir sind sehr glücklich, dass er dieses Buch illustriert hat.

René Halbach für seine ausführlichen Recherchen und sein geduldiges Zusammentragen erstklassiger Ideen.

Paul Donders. Er ist ein Vordenker im Bereich von Lebens- und Berufsplanung und hat uns erlaubt, den von ihm entwickelten Workshop »Motivationsfaktoren« zu übernehmen.

Friedbert Gay, der mit dem DISG-Persönlichkeits-Profil im deutschsprachigen Raum das beste Instrument zur Persönlichkeitsentwicklung vertreibt.

Traudel Knoblauch, die als akribische Erstleserin das Manuskript einer kritischen Prüfung unterzogen hat.

Dem SchmidtColleg, Deutsches Unternehmer- und Führungskräfte-Colleg, für die Genehmigung zum Abdruck der Fragebögen zur Lebens- und Jahresplanung (auf den Seiten 74 bis 76), sowie des Sieben-Horizonte-Modells (Seite 153 f.).

Unseren vielen Teilnehmern in den Seminaren, die uns geholfen haben, die wirklich relevanten Fragestellungen zu entdecken und tragfähige Antworten zu geben.

Unserer Lektorin im Campus-Verlag, Christiane Meyer, deren Optimismus und Begeisterung für dieses Projekt uns ständig neu motiviert haben.

Dem Campus-Verlag, der als einer der angesehensten Wirtschaftsverlage auch in gesamtwirtschaftlich schwierigen Zeiten die Wichtigkeit und das Potenzial dieses Themas erkannte.

Giengen, im Sommer 2003

Jörg Knoblauch
(knoblauch@tempus.de)

Johannes Hüger
(johannes@hueger.net)

Marcus Mockler
(trainer@marcus-mockler.de)

Übersicht: Die Workshops

Ausgewählte Workshops finden Sie auf www.campus.de.

Register